सैयाँ बेईमान

(मूल बांग्ला नाटक दंपति का हिन्दी अनुवाद)

मनोज मित्रा

अनुवाद

सान्त्वना निगम

वाणी प्रकाशन

वाणी प्रकाशन

4695, 21-ए, दरियागंज, नयी दिल्ली 110 002

शाखा

अशोक राजपथ, पटना 800 004

फ़ोन: +91 11 23273167 फ़ैक्स: +91 11 23275710

www.vaniprakashan.in
vaniprakashan@gmail.com

SAIYAN BEIMAN
by Manoj Mitra
Translated by Santwana Nigam

ISBN : 978-93-5000-890-4
Play

प्रथम संस्करण

मूल्य : ₹ 125

आर. टेक ऑफ़सेट, दिल्ली-110095 में मुद्रित

वाणी प्रकाशन का लोगो मक़बूल फ़िदा हुसेन की कूची से

इस नाटक का हिन्दी में सर्वप्रथम प्रदर्शन 'अभियान' दिल्ली द्वारा 22 जनवरी 1998 को श्रीराम सेंटर तलघर में हुआ।

निर्देशक	:	राजिन्दर नाथ
निर्देशन सहायता	:	सान्त्वना
आलोक	:	त्रिभुवन
मंच व्यवस्था	:	अशोक पाण्डे
सहायक	:	विजय गुप्ता

****

पात्र-परिचय

पत्नी	:	वीना मेहता
पति	:	एस.एम. जहीर
कन्हाई	:	दिलीप बासु
रामदेव	:	जगदीश कनौजिया
प्रहलाद	:	वी. के. बिन्दु
श्यामल	:	सुभाष गुप्ता
बकुल	:	रश्मि वैद्यलिंगम
ढोलन	:	रेखा जौहरी
अरुण	:	आशुतोष झा
डा. जितेन	:	उमेश श्रीवास्तव
होटल मैनेजर	:	जगदीश कनौजिया
रहमान	:	संजीव जौहरी
तातांई	:	सौत्रिक बासु
छोटा बेटा	:	अशोक पाण्डे
शुकलाल	:	वी. के. बिंदु

****

अंक : एक

दृश्य : एक

एक दो मंज़िला मकान। नीचे की मंज़िल में बैठक का कमरा बड़ा है। दीवार पर देवी-देवताओं की तस्वीरें लगी हैं। एक बहुत पुरानी दीवार-घड़ी जो रुकी हुई है। फर्नीचर पुराने जमाने का है। दो-तीन डाइनिंग कुर्सी, तिपाई, मूढ़ा, दरी बिछा तख़्तपोश, उस पर तकिया, पास मेज पर दवा की शीशियाँ, कागज, कलम। तख़्त के नीचे पुराने अखबारों का गट्ठर, पीकदान और भी ढेरों चीजें, जिनका कभी इस्तेमाल नहीं होता। इस पहली मंज़िल में रहते हैं—पति पत्नी। अधेड़ दंपति।

भोर का समय। खिड़की से गुलाबी किरणों की झलक। खिड़की के सींखचों से एक बालों को बाँधने का फीता लटक रहा है। बूढ़े पति ने अभी तक बिस्तर नहीं छोड़ा लेकिन पत्नी बहुत सबेरे ही उठ पड़ी है। नेपथ्य से उनके भजन गाने की आवाज सुनाई पड़ रही है।

भजन गाते-गाते पत्नी कमरे में प्रवेश करती है। अभी-अभी नहायी है। हँसमुख वृद्धा का चेहरा अभी भी भरा-भरा है। कभी काफ़ी सुदृढ़ रही होगी। कन्धे पर गीला गमछा। हाथ के छोटे लोटे में पानी। ठाकुर जी को मत्था टेकती है। पूरे कमरे में पानी छिड़कती है। धूपबत्ती जलाती है। फिर भजन गाती है।

और तुरन्त पास के कमरे से पति की खाँसी शुरू हो जाती है। जैसे बीच सड़क पर टायर बर्स्ट हो गया हो।

पत्नी : ओफ़्हो, क्या हुआ जी, इतना खाँस क्यों रहे हो? **(नेपथ्य में पति की जोरदार खाँसी)** अब इस कमरे में न ही आओ तो अच्छा—इतना दिन चढ़ गया और....

[भजन की पहली पंक्ति गाने लगती है। फिर खाँसी का तूफान]

ओफ़्हो—अरे ज़रा अदरक का टुकड़ा-उकड़ा मुँह में डालो न—तकिए के नीचे ही रखा है, देखो—

[नेपथ्य में फिलहाल खाँसी बन्द है]

पत्नी : **(खिड़की के पास जाकर)** हे भगवान पिछले पाँच दिन से जो टिपिर-टिपिर झड़ी लगी है—चिपचिपा मौसम बन्द होने का नाम नहीं लेता। आज सूरज ने मुखड़ा दिखाया।

[गुनगुनाती है।]

अजी सुनते हो, देखो हमारे आँगन वाले हरसिंगार के पेड़ में कितने फूल खिले हैं। अहा ! जितनबाबू के डॉक्टरखाने की मुँडेर पर कितना सुन्दर तोता बैठा है। आकर देखो न!

[गाना गाने लगती है।]

[बड़ी ज़ोर से खाँसते-खाँसते पति अन्दर आता है। बीमार बद मिजाज़ और सनकी किस्म का आदमी है। गले में बहुत सारी ताबीज़ें लटक रही हैं। कलाई में ताँबे के कड़े। गर्मी सर्दी हर मौसम में गले में मफ़लर लपेटे है।]

पत्नी : **(धीरज खोकर)** हे भगवान! सुबह जैसे ही श्याम का नाम लेना शुरू करूँगी वैसे ही मेरे कृष्ण कन्हैया खौं-खौं-खौं....

पति : **(खाँसते-खाँसते)** डोन्ट-डोन्ट, नकल मत उतारो।

पत्नी : **(मुँह चिढ़ाकर)** नहीं! फूल बेलपत्ते से तुम्हारी पूजा करूँगी।

पति : हुंः! मैं मर रहा हूँ दम घुटकर और उधर श्याम-सुन्दर हो रहा है। **(खाँसता है)** ओफ यह अर्लि मॉर्निंग का खाँसी का दौरा नहीं जाता—

पत्नी : नहीं जाएगा। जब तक मैं ज़िन्दा हूँ। किसी तरह नहीं जाएगा। सब चालबाज़ी है—सब मेरे पीछे पड़े रहने की चालें हैं।

पति : ओहो—हो। इनके पीछे पड़ने के लिये खाँस-खाँसकर मर रहा हूँ मैं।

पत्नी : और नहीं तो क्या! हज़ार बार कहा है—बस, इस समय जरा खाँसी रोक के रखो। नहीं तो जाओ गुसलखाने में। फिर तो सारा दिन पड़ा है—जी भरकर अपने बम फोड़ते रहो।

पति : उँह! इस समय छुटकारा दो। इसी समय मेरी जान हलक में अटकी रहती है और इसी समय दम घोटे रखूँ। क्यों, सुबह-सबेरे तुम्हारी संगीत चर्चा बन्द नहीं रह सकती? बेगम अख्तर!

[पति खाँसना शुरू करता है। पत्नी बड़बड़ाती हुई पीकदान मुँह के सामने रखती है।]

पत्नी : जैसा सूखा सोंठ-सा चेहरा निकल आया है। वैसे ही डंक चुभोने वाले बोल। शहर भरा पड़ा है बूढ़े-बुजुर्गों से। पर है कोई दूसरा जो इस तरह छींककर खाँसकर बेहाल बेदम हो रहा हो। जित्तन बाबू को ही देख लो—वे भी तो बुजुर्ग हैं। पर देखने पर पता चलता है? देखते

ही भक्ति श्रद्धा से मन भर जाता है।

पति : तो जाओ न—गलबहियाँ डाले उन्हें गाना सुनाओ ।

पत्नी : ओह हो हो—हाँ, वहीं जाऊँगी।

पति : जाओ **(फिर उछलकर खड़े होते हुए)** खबरदार! फ़र्दर कभी जित्तन डॉक्टर के डाक्टरखाने की तरफ मुँह किए गाना गाते न देखूँ तुम्हें। उँह खिड़की से तोते निहार रही हैं। खिड़की पर रिबन क्यों बाँध रखा है?—खबरदार....

पत्नी : मुँह फेर कर हँसती है—अगर तुम राधा होते श्याम!

पति : **(धमाके से खाँसता हुआ)** कन्हाई! अरे ओ कनुवा—दवा लाएगा कि नहीं?—स्टुपिड! आज ही निकाल बाहर करता हूँ इसे।

पत्नी : **(पानी का गिलास पति को पकड़ाते हुए)** निकालोगे तो उसकी जान बच जाएगी। तुम्हारे चंगुल से जो छूटेगा उसकी उम्र बढ़ेगी ही।

पति : डोन्ट केयर! किसी की ज़रूरत नहीं है मुझे। **(पानी पीना खत्म करके)** डोन्ट केयर—

[पत्नी पति को अंगोछा पकड़ाती है। पति अंगोछे से मुँह पोंछता रहता है।]

पत्नी : उँह, डोन्ट केयर। मैं कहती हूँ कि अब तक जो डन्ट किटकिटा रहे हो वह भी मेरी ही बदौलत।

पति : **(अंगोछा फेंककर मारता है)** तुम मेरे साथ बात नहीं करोगी।

पत्नी : मेरी बला से। मैं कहती हूँ—मेरे साथ रह क्यों रहे हो? बेटों के पास जाकर रहो न। एक बेटा आसाम और दूसरा दिल्ली—सुख-शान्ति से भरपूर बसेरा। वहीं रह लो जाकर। मेरी गर्दन पर क्यों लाद रखा है। न तुम यहाँ रहो न मुझे कोई फिक्र रहे। हल्की-फुल्की चैन की ज़िन्दगी। तीरथ पे जाऊँगी, धरम-करम में मन लगाऊँगी। अब जित्तन बाबू ने ही कितनी बार कहा कि चलो भाभी तुम्हें कामाख्या मंदिर घुमाकर लाऊँ।

[कहते-कहते दवा का गिलास लेकर पति के सामने पकड़ाती है।]

पति : रहने दो, ये लाड़-प्यार का दिखावा रहने ही दो।

पत्नी : **(पति के सामने गिलास रखकर)** उँह, मेरी बला से, लाड़-प्यार। मेरा ठेंगा।

[पत्नी के जाते ही पति चोरों की तरह दवा की गिलासी मुँह तक ले जाता है। तभी दूध की ठेकी हाथ में लिये दूधवाला रामदेव दरवाज़े पर आ खड़ा होता है।]

रामदेव : दूध–

[अचानक दवा का फव्वारा रामदेव के चेहरे पर पड़ता है। ठेकी से अपने चेहरे का ढँकते हुए।]

अरे राम–राम! ये क्या किया बाबूजी? होली की माफ़िक पिचकारी काहे चलाते हो? माई जी दूध।

[पत्नी एक बहुत ढीला चीकट तकिया दो उंगलियों में दबाए अन्दर आती है]

पत्नी : ज़रा ठहर इस बिल्ली के बच्चे को ज़रा धूप में डाल आऊँ। सारी रात खाँस-खाँसकर तकिए का क्या हाल कर डाला, देख तो....

पति : मेरी किसी चीज़ को हाथ लगाने की ज़रूरत नहीं। जाओ अपने पीहर से लाई हुई जो चीज़ें हैं, उन्हें धूप में तपाओ।

पत्नी : सुबह-सुबह बाप का नाम बदनाम कर रहे हो?

[पत्नी अचानक गुस्से से हाथ का तकिया फेंकती है। वह जाकर रामदेव के बदन से टकराता है]

रामदेव : ये माईजी–

पति : जैसे आदमी है वह। नाम-बदनाम करके कोई गुनाह तो नहीं किया।

पत्नी : क्यों मेरे बाप ने तुमलोगों का क्या बिगाड़ा था जी?

पति : डन्डी, क्यों डन्डा, डन्डा घुमाते थे। चालबाज, अव्वल दर्जे के चालबाज़। **(दूध वाले को)** समझा रामदेव अपनी इस लाडली से मिलने आते थे और महँगे-महँगे बरतन असबाब खरीद कर दे जाते थे। रुपये का टेम्परेचर दिखा के जाते थे हर बार। एक टेढ़ा-मेढ़ा डंडा था, वह डन्डा मेरे पिताजी के नाक के सामने घुमाते थे। ऐसे-ऐसे–**(छड़ी घुमाता है।)**

रामदेव : **(घूमती छड़ी से बचता हुआ)** माईजी बर्तन ले आइए न!

पत्नी : ठहर न **(पति को)** तो गए क्यों थे अमीर घर की सुन्दर बेटी को ब्याहने?

पति : मैं गया था तभी न तुम्हारी नैया पार लगी। नहीं तो उस बिगड़ैल बाप की बिटिया अब तक जहन्नुम में जाती। बुरे रास्ते पर भटक जाती।

पति : ओ हो हो, भटक जाती। इन्होंने सात फेरे लेकर मेरा उद्धार किया है। कहाँ के राजकुमार के हाथों मेरे बाप ने मेरा दान किया है रे।

पति : कितने बहादुर थे, सब पता है।

रामदेव : बहुत लेट हुए जाते हैं माईजी। दूध तो ले लीजिए, तो हम जाएँ।

पति : वह जो शादी में एक साइकल दी थी। वह साइकल थी या ओखली?

[तभी पल्लाद नाई हाथ में हज़ामत का वक्सा लिये रामदेव की बगल में आ खड़ा होता है।]

पल्लाद : कब से चल रहा है?

रामदेव : क्या मालूम। **(उठकर)** हम चले जाएँ माईजी?

पत्नी : बैठ तू। **(पति को)** सिर्फ साइकिल और कुछ नहीं दिया। घड़ी, चेन, ढेर सारा कैश, तेईस पैरपड़ाई की साड़ियाँ, और फिर वह चाँदी की गड़वी!

पति : **(अजीब-सी हँसी हँसकर)** लेकिन वह साइकिल? ऐसी सीट थी उसकी कि बैठते ही ओखली की तरह उछलने लगती थी और पिछवाड़े ऐसे चुभती थी जैसे....। ओखली मार्का साइकिल–!

पल्लाद : **(हँसकर)** जम रहा है **(रामदेव को)** बैठ जाओ भैया–

रामदेव : बैठने से कइसे काम चली। माईजी–

पत्नी : **(रामदेव को)** चुप **(पति को)** चुभती थी? ससुर की दी हुई साइकिल इतनी चुभती ही थी तो–न लेते। ली क्यों था?

(अचानक आवाज़ तेज़ करती है) तुम्हारे पिताजी भी क्या चीज़ थे–सब मालूम है मुझे। पता है तुम लोगों को? मेरी इतनी सुन्दर चाँदी की गड़वी। सात दिन जाते न जाते ठेके पर बेच कर इनके पितादेव ने ठर्रा निगला था।

रामदेव : हाय राम–दारू पी लिया!

पति : ए....चोप।

पत्नी : चुप क्यों? बोलो, तुम सब बोलो कि मेरे ससुर ने चाँदी की गड़वी बेचकर ठर्रा पी लिया था।

[पत्नी दनदनाती अन्दर चली जाती है]।

पति : च्च! अकल बेच खाई है–बाहर वालों के सामने–**(पल्लाद को)** ए पल्लाद, तुझे क्या चाहिए रे?

पल्लाद : **(पति की दाढ़ी की ओर इशारा करके)** दाढ़ी।

पति : जा जा, मुझे टाइम नहीं है।

पल्लाद : हमको कोई जल्दी नहीं है। हजामत बनाकर ही जाऊँगा। **(रामदेव को)** अरे बैठ न!

रामदेव : अरे नहीं न! बेकार की बकवास। हमका बहुत काम है–दसियों घर में जाना है। माँ जी दूध।

[दूध का बर्तन लिये पत्नी का प्रवेश]।

पत्नी : उँह दूध। जिस फैमिली को ठर्रा निगलने की आदत है उसे दूध पीने की क्या ज़रूरत। सब लोग सुनकर जाओ–मेरे ससुर ने चाँदी की

गड़वी बेचकर शराब निगली थी।

पति : वह तो, क्या कहते हैं—तुम पर नाराज़ थे इसलिये। तुम मनहूस थी न, शादी के तीन दिन बाद ही मेरे वकालत में फेल होने की खबर आई। बापू ने दुखी होकर गड़वी बेचकर ज़रा ग़म ग़लत किया।

पत्नी : हाय—हाय! मेरी शादी के तीन दिन बाद इनके फेल होने की खबर आई। मेरे साथ शादी से पहले तो ये एक बार भी फेल नहीं हुए। क्या कहने। एनट्रेंस में दो-दो बार गच्चा नहीं खाया?

पल्लाद : ई तो हमका पताई नहीं था।

पत्नी : तीसरी बार नकल करके पास नहीं हुए?

पल्लाद : नकल करके ?

पति : **(मुँह चिढ़ाकर)** हाँ, नकल करके **(पत्नी को)** तुम थीं वहाँ जब मैं नकल कर रहा था।

पत्नी : मैं नहीं थी तो क्या हुआ—जित्तन बाबू तो थे।

पति : साला!

पल्लाद : तो दद्दू ने नकल की थी और पकड़े भी गये थे।
[पत्नी हँसती है]।

पति : चोप। (पत्नी को) मैं आज ही बड़े मुन्ने को चिट्ठी लिख रहा हूँ। तुम्हारा मुँह कैसे बन्द करना है। मुझे पता है

पत्नी : लिखो न, तुम बड़े को लिखो, मैं छोटे को लिखूँगी।

पति : छोटा मुन्ना मेरा क्या बिगाड़ लेगा ?
[गमछे से चेहरा पोंछते हुए अधेड़ नौकर कनाई अन्दर आता है। उसका चेहरा गंभीर है]।

पति : कनाई। मेरी सब चीजें बिस्तर, कपड़े ऊपर की बरसाती में ले जा। आज से मैं वहीं रहूँगा, वहीं खाऊँगा।

कनाई : फाइनल?

पति : फाइनल।

कनाई : शाम को फिर यह तो नहीं कहोगे कि तेरी माँ जी के कमरे में सोऊँगा।

पति : शट-अप, फाइनली कट-अप।

कनाई : **(पल्लाद और रामदेव को)** ऐ पल्लाद—यह खटिया पकड़ना जरा। तू भी हाथ लगा भाई रामदेव, चल इन्हें बरसाती में ट्रांसफर कर देते हैं।

रामदेव : अरे लेकिन दूध?

कनाई : धत्तेरे की। दूध-वूध रहने दे अभी। ज़रा हाथ लगा। यह रोज़-रोज़ का झमेला अच्छा नहीं लगता।

[पति तख़्त पर बैठा है। कनाई और पल्लाद पति समेत तख़्त को उठा लेते हैं]।

पत्नी : ऐ कमबख़्तो, जिन्दा, आदमी को डोले पे क्यों उठा रहे हो।

पति : उठा-उठा, मैं घर छोड़कर चला जाऊँगा।

पत्नी : उँह, घर छोड़ेंगे। छोड़कर जाओगे कहाँ। आधी रात को पानी-पानी!

पति : और बीच रात को भूत-भूत। रातभर भूत के डर से काँपती रहती है और बातें बना रही है।

पत्नी : अरे-रे, मेरे वीर अर्जुन। भूत के साथ टक्कर लेने के लिये बड़े जिगरे की ज़रूरत होती है। वह ज़िगरा है सिर्फ एक ही आदमी के पास।

पति : किसके पास?

पत्नी : और कितके पास ? जित्तन बाबू के पास।

पति : साले की ऐसी तैसी। **(पति तख़्त पर से कूद पड़ता है और खों खों खाँसना शुरू कर देता है)**।

पत्नी : **(शरारत से मुस्कुरा कर)** अगर तुम राधा होते श्याम।
मेरी तरह—

पति : खों—खों—खों—

कनाई : **(कानों पर हाथ रखकर)** रुको-रुको थम जाओ ओ बाबूजी। एक माजी। दुहाई तुम लोगों की।

[पति की खाँसी, पत्नी का भजन, रामदेव का दूध-दूध, पल्लाद की दाढ़ी-दाढ़ी की आवाज़ का मिश्रित अजीब-सा कोलाहल]।

(प्रकाश मन्द होता है)

दृश्य : दो

[उसी दिन सुबह। घर में ऊपर की मंज़िल में सोने का कमरा। आधुनिक असबाब, टेलीफोन और सुरुचिपूर्ण वस्तुओं से सजे हुए इस कमरे में रहते हैं एक और युवा दम्पति। श्यामल और बकुल। पलंग पर पूरा मुँह ढके दोनों पास-पास लेटे सो रहे हैं। सर की तरफ की खिड़की खुली हुई है। नीचे की मन्ज़िल से अधेड़ पति-पत्नी की चिल्ल-पों सुनाई दे रही है। दोनों की नींद खुल गई है। बकुल फिर भी चुपचाप है। श्यामल थोड़ी देर करवटें बदलकर बेचैन-सा चेहरे की चादर हटाता है।]

श्यामल : ओफ् ओ! तंग कर मारा। स्साला किस खचड़े बुड्ढ़े-बुढ़िया के पल्ले पड़ गए। लाईफ हैल हो गई।

[श्यामल उठने लगता है। बकुल खींचकर लिटा देती है। चादर से श्यामल का चेहरा ढक देती है। दोनों फिर सोने की कोशिश करते हैं। अचानक नेपथ्य की चिल्ल पों तार सप्तक तक पहुँचती है। श्यामल चादर फेंककर उछलकर उठ खड़ा होता है]।

श्यामल : **(खिड़की से नीचे झाँककर)** अरे-ओ-- मौसा जी! हम लोगों को क्या घर छोड़कर भागना पड़ेगा।

बकुल : आधा शरीर उठाकर। झमेला न करो, मकान मालिक हैं।

श्यामल : मकान मालिक हैं तो क्या नीचे बैठे-बैठे कनस्तर पीटेगा? तब तो हम भी शुरू कर दें **(चिल्लाकर)** हो लल्ला, हो लल्ला--

बकुल : ये क्या कर रहे हो!

श्यामल : ठीक कर रहा हूँ--हो लल्ला, हो लल्ला!

[खुली खिड़की से अखबार बँधा हुआ आकर श्यामल के बदन से टकराया]।

श्यामल : ओफ्!

बकुल : अखबार है। **(हँसकर)** अच्छा होता अगर बूढ़े दद्दू की छड़ी उड़कर आती और ठक्क से लगती तुम्हारे। खिड़की बन्द कर दो न।

[श्यामल खिड़की बन्द कर देता है। शोर नहीं सुनाई देता]।

श्यामल : किस बात को लेकर दिन-रात बतियाते-झगड़ते रहते हैं? **(ड्रेसिंग टेबल के शीशे के सामने बाल सँवारते हुए)** इतने सबजेक्ट मिलते कहाँ से हैं। स्साला मर जाऊँ मगर बूढ़ा न होऊँ। आपस में बनती नहीं तो डिवोर्स क्यों नहीं ले लेते बूढ़ा-बूढ़ी।

बकुल : **(उठकर अँगड़ाई लेते हुए)**

बूढ़ा बूढ़ी खूसट जोड़ी
तू तू मैं मैं तोड़ा - फोड़ी
वेला बीती हाए रे हाए
फिर भी न होये कोर्ट कचहरी

मौसी जी ने उस दिन जो बढ़िया बेर का अचार खिलाया न। आह!

श्यामल : तुम्हें तो नित नए पकवान खिला-खिला अपनी जेब में भर लिया है।

बकुल : **(श्यामल के पास आकर अपनी गर्दन दिखाकर)** देखो न, यहाँ क्या हो गया है।

श्यामल : अरे कट कैसे गया? ओह यह तो ब्लेड से कटा हुआ लगता है।

बकुल : ब्लेड या अपने नाखून?

श्यामल : ऊँ?

बकुल : बनमानुस कहीं के। ज़रा-सा क्रीम लगा दो न। (**श्यामल बकुल के कन्धे पर क्रीम लगाता है**)

बकुल : ओह, फाड़ खाया है। (**गर्दन घुमाकर श्यामल को एक नज़र देखकर मीठी हँसी हँसकर**) ऊधमबाजी करते वक्त कुछ ख्याल नहीं रहता।

श्यामल : (**हँसकर प्यार करता है**) टेबलट खाया था न?

बकुल : (**उसकी बात अनसुनी कर के**) ओह ऊँ!

श्यामल : क्या कह रहा हूँ, टेबलट खा कर सोयी थी न?

बकुल : नहीं।

श्यामल : सच नहीं खाया?

बकुल : भूल गई थी।

श्यामल : रोज़ की बात कैसे भूल जाती हो—समझ में नहीं आता। बकुल कहीं कुछ हो हवा गया तो—

बकुल : हो जाये।

श्यामल : हो जाये मतलब? अरे नहीं-नहीं, इस सब के बीच बच्चे-कच्चे हो जायें तो सँभालेगा कौन? लो पकड़ो (**टेबलट का स्ट्रिप देता है**)

बकुल : (**श्यामल का हाथ ठेलकर हटा देती है**) तकलीफ होगी तो मुझी को होगी न। तुम्हें क्या? मुझे एक बच्चा चाहिए।

श्यामल : दिमाग खराब है? तुम्हें प्रमोशन मिलने वाला है, मुझे दूर पर रहना पड़ता है। यह सब फितूर छोड़ो। सब खटाई में पड़ जायेगा।

बकुल : नौकरी प्रमोशन कुछ नहीं चाहिए मुझे। सच कह रही हूँ श्यामल मुझे इतना ख़ाली-ख़ाली लगता है।

श्यामल : अभी कह रही हो कुछ नहीं चाहिए। बच्चा हो जाएगा तो सभी कुछ चाहने लगोगी। लो मुँह खोलो, खोलो मुँह—

[बकुल मुँह खोलती है। श्यामल टेबलट बकुल के मुँह में रख देता है। बकुल मुँह में टेबलट इधर-उधर करती रहती है। श्यामल थोड़ी दूर जाकर जग से गिलास में पानी भर रहा है]।

बकुल : मुझे बहुत माँ बनने की इच्छा होती है। (**बकुल श्यामल की ओर देखती है और छुपाकर मुँह से टेबलेट निकाल लेती है। अच्छा नहीं लगता रोज पिल खाकर सब उम्मीदों में पानी फेर कर दफ्तर दौड़ो। सिर चकराता रहता है। चेहरे पर जाने क्या सब निकल रहा है। कैसी मुटाये जा रही हूँ। इसके बाद चाहने पर भी अगर**

न हो तो?...) (बकुल श्यामल को छुपाकर एक गुल्लक में टेबलेट डाल देती है जैसे तो खुले पैसे जमा कर रही है।)

श्यामल : सोनू-मोनू, नौकरी-पेशा लड़कियों के बच्चे-कच्चे नहीं होने चाहिए। *[श्यामल पानी लेकर आता है। बकुल मुँह खोलती है। श्यामल पानी उड़ेलता है, बकुल पानी ऐसे निगलती है, जैसे कुछ मोटी-सी गोली निगल रही हो। अंजुरी में थोड़ा पानी लेकर बकुल के सिर पर थपेड़े मारते हुए]*

श्यामल : जा बच्चा जड़ से खत्म। सेफ साइड। नो रिस्क। **(बकुल श्यामल का हाथ ठेलकर गुस्सा दिखाती है)**। अरे होगा होगा, सब कुछ होगा। ज़रा सब अच्छी तरह समेट लूँ। इस बुड्ढ़े बुढ़िया का घर छोड़कर, एक नया फ्लैट खरीद कर शिफ्ट करेंगे—उसके बाद हम दो हमारे **(हाथ के इशारे से दो दिखाता है)** बस और तीन साल।

बकुल : तीन साल! अभी और ? आज मैं ऑफिस नहीं जाऊँगी। **(बकुल कमरे के साथ वाले बाथरूम में जाती है)**

श्यामल : **(अब मौका पाकर अखबार फैलाकर देखता है)** माँ कसम मज़े में हो। बॉस को कब्ज़े में कर रखा है। सामने से नागन की तरह लहराती हुई निकल जाती हो, बस बॉस ठंडा। और मैं स्साला उधर सारा दिन बैग बगल में दाबे चक्कर पे चक्कर लगाता हूँ—जितने डॉक्टर हैं उनकी दुम में मस्का लगाता हूँ। हूँः! मेडिकल रिप्रेजेन्टेटिव, साला फेरीवाला!
[बाथरूम में बकुल का गाना]
ये ल्लो, मस्ती देखो—और मुझे अभी दौड़ना है वर्धमान के अस्पताल में।
[चेहरे पर पानी का झपटा मार कर बकुल बाहर आती है]

बकुल : तुम भी आज ऑफिस से गोल हो जाओ न!

श्यामल : माँ कसम, टी.ए., डी.ए. तुम दे देना और कमिशन भी।

बकुल : क्या रात-दिन रुपया-रुपया करते रहते हो। ये बताओ तो आज कौन-सी तारीख है?

श्यामल : सात तारीख!

बकुल : हूँ हूँ। इस महीने की सात तारीख को पाँच साल पहले क्या हुआ था?

श्यामल : क्या हुआ था?

बकुल : प्यार हो गया था।

श्यामल : **(आँखें घुमाकर)** अच्छा?

बकुल : अहा, सब भूल गये हो। याद नहीं है हम राजगीर में घूमने जा रहे

थे। टूरिस्ट बस में तुमसे मुलाकात हुई थी। पहली नजर में पहला प्यार हो गया, इकरार हो गया।

श्यामल : अरे हटो। प्रेम में पड़ने का पहला दिन याद रहता है कहीं!

बकुल : याद नहीं रहता? बाप रे क्या तूफान मचा। मैंने पापा से कहा, मैं अपनी पसंद की शादी करूँगी। पापा ने कहा, "करो और घर से निकल जाओ। याद है?"

श्यामल : हाँ, वे सज्जन जुबान के पक्के थे।

बकुल : आज का दिन सेलिब्रेट करेंगे। ऐ चलो न कहीं घूमने।

श्यामल : आउटिंग?

बकुल : मजा आएगा। जाओगे! बौकखाली, दीघा जाओगे। समुद्र के किनारे विशाल सरो का वन। जाओगे? आज ठीक डे है—बौकखाली हमारे लिये बिल्कुल खाली।

श्यामल : लोग जन्मदिन मनाते हैं मैरेज ऐनिवर्सरी मनाते हैं, लेकिन प्रेम में पड़ने का दिन भी कोई सेलिब्रेट करता है ऐसा तो नहीं सुना कभी।

बकुल : अरे तुम्हारे जन्मदिन से मुझे क्या और मेरे जन्मदिन से तुम्हें क्या लेकिन प्रेम तो दोनों का है। चलो मोटर साइकिल निकालो।

श्यामल : इतनी दूर मोटर साइकिल में...

[बकुल दोनों बाँहें उसके गले में डाल देती है। जैसे लड़कियाँ मोटरवाइक में पीछे बैठकर लटकी रहती हैं]

बकुल : **(गाती है)** यह राह कभी न खत्म हो
तो कैसा रहे यह बोलो तो

श्यामल : **(गाकर)** तुम्हीं बोलो

बकुल : तुम्हीं बोलो

श्यामल : बिल्कुल भी अच्छा नहीं होगा। वर्धमान अस्पताल जाना है।

बकुल : गोली मारो वर्धमान को। **(श्यामल का हाथ पकड़कर खींचती है)** अरे जाओ न, जल्दी से नहा-धो लो। तुम्हारे तो हिलते-डुलते ही...

श्यामल : अरे रुको ज़रा, चाय तो पी लूँ, सोचूँ—

बकुल : सोचने बैठोगे तो जाना नहीं होगा। चलो-चलो, चाय-वाय आज सब बाहर ही पिएँगे, जाओ रेडी हो जाओ।

[बकुल जबरदस्ती श्यामल को बाथरूम में धकेल देती है। फिर उसके कपड़े भी बाथरूम में दे देती है]।

बकुल : **(बिस्तर को बेड कवर से ढकती हुई गुनगुनाती है)**

[तभी टेलीफोन बज उठता है। बकुल दौड़कर फोन उठाती है। साथ ही मंच की दूसरी ओर एक टेलीफोन बूथ दिखता है। दोलन टेलीफोन पकड़े हैं, भड़कीली सजधज, आँखों में काला चश्मा, श्यामल बकुल की ही उम्र की है दोलन]।

बकुल : हलो, किससे बात करनी है, आप कौन....

दोलन : **(थोड़ी देर रहस्यमय ढंग से चुप रहकर)** लीलावती घोड़पड़े।

बकुल : **(अवाक्)** लीलावती घोड़पड़े।

दोलन : **(पहले जैसे स्वर में)** ओ—नाम पसंद नहीं आया क्या? तब तो आश्यर्चमयी शर्माचार्य।

बकुल : कौन हैं भाई? शरारत सूझ रही है क्या? बताइए न कौन हैं?

दोलन : तब तो मैं हूँ शरारती शीरीन वसु।

वकुल : **(बाथरूम की ओर मुड़कर)** एई सुन रहे हो। कल जो बेनामी फोन आया था न, आज फिर आया है।

दोलन : मैं हूँ बेनामी मजुमदार।

बकुल : ए सुन रहे हो?

श्यामल : **(नेपथ्य से)** ठहरो आता हूँ, रखना नहीं।

दोलन : आप क्या पुलिस बुला रही हैं?

बकुल : पुलिस बुलाकर फायदा है कोई? कहाँ से रिंग कर रही हैं, यह ᒥता लगाने का कोई तरीका तो नहीं है न। नहीं तो ज़रूर बुलाती। भले लोगों के घर में उल्टे-सीधे फोन करके परेशान करने के लिये मज़ा चखा देती।

दोलन : रोज सुबह एक चम्मच शहद खाना बहन, गले की आवाज मीठी होगी।

बकुल : और आप सुबह एक गिलास चिरायता पिया कीजिए। दिमाग ठंडा होगा।

दोलन : छी, छी! गुस्सा क्यों कर रही हैं बहन। हसबैन्ड के साथ झगड़ा हो गया है क्या?

बकुल : मेरे हसबैन्ड झगड़ा नहीं करते। स्टुपिड। तुम्हारे पति की तरह कमीना बदतमीज नहीं हैं।

दोलन : ए ऽ ऽ तुम्हें कैसे पता चला? सच तुमने ठीक कहा। मेरा आदमी कितना पाजी है। कितना पाजी। कल रात को न मेरी ऐसी पिटाई की है कि....

बकुल : तुम्हारी तरह की बीवी को तो मार ही डालना चाहिए।

दोलन : मार ही डालता–लेकिन चारों तरफ इतनी बधू हत्यायें 'ब्राइड किलिंग' हो रही हैं न। इसीलिये साहस नहीं जुटा सका। अच्छा बताओ तो तुम्हारा पति तुम्हारी पिटाई करता है ?

बकुल : अरी ओ ! मेरा पति सज्जन हैं, परफेक्ट जेंटलमैन।

दोलन : क्या बढ़िया बात कही है–ये अपना वाला मुझे दोगी और मेरा वाला लोगी?

बकुल : ए, सुन रहे हो?

[अभी-अभी नहाया हुआ श्यामल बटन लगाता हुआ आता है]

श्यामल : क्या कह रही है....

बकुल : तुम्हारा वाला दोगी, मेरावाला लोगी?

अब तुम चुन चुनकर कुछ बड़ी-बड़ी गालियाँ दो तो (**फोन पर**) लो आ गये। आई तुम्हारी मुसीबत।

श्यामल : जाओ तुम तैयार हो लो।

बकुल : कितनी गंदी-गंदी बातें बोल रही है। कलकत्ते में आजकल ऐसे फोन का उत्पात शुरू हुआ है।

(**अपने कपड़े लेकर पास के कमरे में जाती हुई**) हुँ, लीलावती घोड़पड़े, मारूँ एक मुक्का इसकी गर्दन पर ....तो मुँह के बल गिर पड़े (**बकुल जाती है**)।

श्यामल : (**रिसीवर कानों में पकड़कर**) हलो, हाँ कहिये, क्या कहना है। मुझे कहिए।

दोलन : (**फोन से**) कैसे हो?

श्यामल : (**चौंककर**) ऐं।

दोलन : पहचान नहीं रहे हो?

श्यामल : नहीं तो, कौन?

दोलन : बस? इन कुछ सालों में ही भूल गए?

श्यामल : नहीं मतलब, आप, तुम (**रिसीवर से मुँह हटाकर**) धत्तेरे की तुम या तू?

बकुल : (**पास के कमरे से झाँककर**) अरे यह क्या, कुछ कह तो नहीं रहे हो, गाली गलौज का क्या हुआ?

श्यामल : अरे, गाली देने के लिये भी प्रिपेरेशन की ज़रूरत नहीं होती?

बकुल : प्रिपरेशन की ज़रूरत है? लाओ, मुझे दो।

श्यामल : हाँ-हाँ देता हूँ, जाओ तुम तैयार तो हो लो।

बकुल : बाप रे, औरत की आवाज़ सुनते ही आवाज़ नर्म। (**पास के कमरे में चली जाती है।**)

दोलन : (फोन पर गुनगुनाती है)

श्यामल : दोलन।

दोलन : उहूँ, दोला, दोला। तुम्हारी दोला।

श्यामल : दोला तुम अचानक इतने दिनों बाद।

दोलन : सात साल। शादी के बाद कलकत्ता छोड़कर, तुम्हें छोड़कर चली गयी...

श्यामल : कब आई हो कलकत्ता। सुदीप कैसा है?

दोलन : अब सुदीप की बातें क्यों ?

श्यामल : अरे वाह, तुम्हारे पति की खैर-खबर न पूछूँ ?

दोलन : सुदीप की कोई खबर मैं नहीं रखती श्यामल।

श्यामल : मतलब?

दोलन : हमारा डिवोर्स हो गया है।

श्यामल : अरे। कब? क्यों?

दोलन : तुम। तुम्हें लेकर ही झगड़ा फसाद हुआ।

श्यामल : मुझे लेकर?

दोलन : सुदीप और मेरे बीच काँटे की तरह चुभे हुए थे तुम। जाने दो वह सब बातें। श्यामल मुझे तुम्हारी बहुत ज़रूरत है। तुम अभी नीचे मेट्रो में चले आओ श्यामल।

श्यामल : ओ. के. ओ. के.। मेट्रो सिनेमा के नीचे **(रूककर)** आज? मर गए। नहीं दोला, आज नहीं होगा, आज ऐसा एक काम–

दोलन : प्लीज काम का इतना बहाना मत करो। ऑफिस कचहरी के पान चबाने वाले बाबुओं जैसी बातों से मुझे एलर्जी होती है। मैं तुम्हारा इंतजार कर रही हूँ।

श्यामल : लेकिन दोलन, आज का दिन.....क्या बताऊँ इस तरह फँसा हुआ हूँ।

दोलन : तब मैं तुम्हारे घर ही आ जाऊँगी, कहे देती हूँ और तुम्हारी बीवी के सामने से ही तुम्हें झपट्टा मार कर उठा लाऊँगी....

श्यामल : नहीं-नहीं। घर मत आना। मतलब घर में एक बड़ी मुसीबत आई हुई है।

दोलन : व्हाट?

श्यामल : मतलब हमारा मकान मालिक। बूढ़े सज्जन हैं। अचानक स्ट्रोक हो गया, वो शायद बचेंगे नहीं–फिर मुझे ही दौड़-भाग करनी पड़ रही है, ऐसा-वैसा कुछ हो गया तो शायद श्मशान भी जाना पड़े।

दोलन : लेकिन आज ही मुझे तुम्हारी ज़रूरत है श्यामल। श्यामल, ऐसे भी

दिन थे जब मैं तुम्हें बुलाऊँ तो तुम बिना आए रह नहीं पाते थे। याद आते हैं वे दिन?

श्यामल : वे दिन क्या कभी भुलाये जा सकते हैं? यूनिवर्सिटी के वे दिन।

दोलन : बाँध तोड़कर सब कुछ बहा ले जाने वाले वे दिन गुजर गए, वे रंग-बिरंगे दिन मेरे। श्यामल, इन सात सालों में एक दिन भी तुम्हें भूल नहीं पाई।

[बकुल सजधज कर इस कमरे में आकर देखती है कि श्यामल झूम रहा है]

बकुल : यह क्या, झूम क्यों रह हो?

श्यामल : **(चौंककर)** झूम रहा हूँ।

बकुल : और नहीं तो क्या, झूम रहे हो और झूमते-झूमते सोने लगे हो, मामला क्या है?

श्यामल : **(तुरंत गंभीर आवाज से)** सुनिये मिसेस घोड़पड़े, आज अगर मेरे पास समय होता तो मेट्रो के नीचे आपसे मिलकर मैं मामले को रफा-दफा कर लेता–लेकिन आज ही किसी ज़रूरी काम से रुकना पड़ रहा है। लेकिन कल मैं आपको छोड़ूँगा नहीं,–कहाँ मिल सकती हैं बताइए।

दोलन : **(रूखी आवाज में)** समझने में इतनी देर क्यो लगती है आपको?

बकुल : **(हाथ से रिसीवर लेकर)** मैं समझाये दे रही हूँ। आज ही मिलना चाहती हूँ मैं। तो आ जाइए। बौक खाली। बौक खाली के सरों के जंगल में। हमलोग आउटिंग के लिये जा रह हैं। अपने पति को भी लेती आइयेगा। चाहें तो वहाँ पर अदला बदली भी कर लेंगे।

[धप्प से फोन रख देती है बकुल। उधर दोलन सख्त निगाहों से फोन की ओर ताक रही है]

बकुल : मुँह बाए खड़े क्या हो? कैमरा कहाँ रखा है? क्या-क्या ले जाना है। चलो समेट लो। चलो, या फिर अब भी घूमते रहोगे?

[श्यामल को खींचकर बकुल पास के कमरे में लेकर जाती है। दोलन फिर डायल कर रही है। नंबर नहीं मिल रहा। आखिरकार बकुल के कमरे का फोन बज उठा। श्यामल गिरता-पड़ता फोन उठाता है। पीछे-पीछे बकुल जाती है]।

बकुल : ओफ! अब कौन है?

श्यामल : **(काँपती आवाज में)** हलो ! हलो !!

दोलन : अभी तक घर में ही हो?

बकुल : क्यों जी, किसका फोन है?

दोलन : **(गुस्से से दबी आवाज में)** बौकखाली जा रहे हो?

श्यामल : **(बकुल को)** हेड ऑफिस के बड़े साहब का पी. ए.।

बकुल : हे भगवान ! आज किसी भी झमेले में नहीं उलझना है। जल्दी से पिंड छुड़ाओ। **(बकुल पास के कमरे में चली जाती है)**

श्यामल : **(दबे स्वर में)** दोलन, एई दोलन।

दोलन : तुम्हारा मकान मालिक ठीक है? या श्मशान घाट पहुँच गया है?

श्यामल : नहीं, मतलब दोलन!

दोलन : बीवी को लेकर आउटिंग के लिये सरों के जंगलों में बौकखाली जा रहे हो। अगर यह पता होता तो मैं तुम्हें नहीं रोकती श्यामल।

श्यामल : ऐसे मत करो प्लीज। आज सुबह-सुबह उसने तय कर लिया....सच मानो ऐसे फटाफट प्रोग्राम हमारा कभी बनता ही नहीं। आज पता नहीं क्यों बकुल को इतना उत्साह है। दोलन, आज का दिन छोड़ दो प्लीज।

दोलन : छोड़ दूँ । अभी तक मैंने तुम्हें पकड़ा ही नहीं है। सच हैरान हो रही हूँ, कैसे पक्के मिडल क्लास हो गये हो। बीवी को लेकर आउटिंग **(हँसी)** साथ कुछ सिरदर्द की गोलियाँ भी रख लेना काम आएगी।

श्यामल : देखो, तुम जो सोच रही हो। वैसा कुछ नहीं। बीवी को लेकर घूमना फिरना मेरे बस का नहीं। वह सब मिडल क्लास मेटैलिटी मुझमें नहीं है। ओ. के. मैं....बौकखाली कैंसल कर रहा हूँ।

दोलन : क्यों, कैंसल क्यों करोगे? जाओगे बौकखाली, मेरे साथ जाओगे?

श्यामल : तुम जाओगी?

दोलन : इतनी बुरी नहीं हूँ। तुम्हारी बीवी को बिना देखे ही कह रही हूँ... .बहुत बुरा नहीं लगेगा। मेरा साथ....

श्यामल : ठीक है, तुम मेट्रो के नीचे इंतजार करना। आधे घंटे में आ रहा हूँ। *[सलवार कमीज पहने, सिर पर स्ट्रॉ हैट आँखों में गॉगल्स, कन्धे पर पानी की बोतल, कैमरा और कपड़ों का बैग लिये बकुल आती है]*।

बकुल : आधे घंटे में कहाँ आ रहे हो?

श्यामल : हैड ऑफिस में।

बकुल : हैड ऑफिस में?

श्यामल : ज़रूरी बुलावा आया है। मुझे अभी वर्धमान जाना होगा बकुल ।

बकुल : मुझे पता था, तुम्हारी वजह से ही मेरा जाना नहीं होगा।

श्यामल : अरे मेरी वजह से कैसे? मैं तो जाने को तैयार हूँ। कमाल है। बीच में यह अफसर अड़ंगा लगा देगा, यह किसे पता था।

बकुल : मैं अब ज़िन्दगी भर कभी तुम्हारे साथ प्रोग्राम नहीं बनाऊँगी।

श्यामल : क्या करूँ? औरों की गुलामी करूँगा तो यही सब होगा। वर्धमान हस्पताल एक लाख रुपये का ऑर्डर देगा। मैं नहीं जाऊँगा तो सब खटाई में पड़ जाएगा।

बकुल : रहने दो, रहने दो, बड़े ड्यूटीफुल बनकर नाम कमाने चले हो। दिन-रात काम और काम। कोताही करना सीखना पड़ता है। बीवी के लिये साल में कम से कम एक दिन तो रख ही सकते हो, लेकिन नहीं--कैसे रखोगे? खुद दवा की कम्पनी के फील्ड ऑफिसर बनोगे फील्ड मार्शल बनोगे--इतना बड़ा ऐम्बिशन!

श्यामल : अच्छा चलो, चलो बौकखाली।

बकुल : हाँ, फिर तुम्हारी नौकरी को लेकर खींचातानी हो।

श्यामली : होने दो खींचातानी। फिर भी कम से कम एक दिन तो तुम्हारे लिये रखना ही है बकुल। तुम्हारे प्रति भी तो मेरी कोई ड्यूटी है।

बकुल : रहने दो। मेरे लिये तो जाने कितना सोच रहे हो। क्या रह गया मेरी ज़िन्दगी में। है कोई सुख, मज़ा? दस से पाँच कलम घिसकर रुपये कमा रही हूँ। मैं तो तुम्हारे लिये रुपये कमाने की मशीन हूँ।

श्यामल : कह तो रहा हूँ, चलो घूमने चलते हैं।

बकुल : **(अचानक उठकर)** चलो ।

श्यामल : **(बुझ-सा जाता है)** नहीं, इस तरह दिमाग गर्म करके जाने से कोई फायदा नहीं। सड़क पर ही ऐक्सीडेंट हो जायेगा। जिस दिन जाना हो, अच्छे मूड में जाओ।

बकुल : मेरा मूड ठीक है।

श्यामल : **(बकुल के पास बैठकर)** अरे हटो, बिल्कुल ऑफ मूड में हो। मैं तुम्हारा मूड नहीं समझता? कमिंग वीक में जाएँगे। सुनो, हमलोग लग्जरी बस में जाएँगे। आज ही मैं टिकट बुक करवा रहा हूँ।

बकुल : आज चलोगे तो जाऊँगी, नहीं तो कभी नहीं जाऊँगी।

श्यामल : **(चेहरा बिगाड़कर)** आज ही? सुबह से इतने अड़ंगे लग रहे हैं फिर भी? ठीक है, चलो।

बकुल : नहीं, नहीं, जाऊँगी। तुम अपने काम पर जाओ।

श्यामल : (खुश हो) हर वक्त बचपना। **(अपना बैग उठाता है, हैलमेट पहनता है)** सुनो, आज मुझे लौटने में रात हो सकती है। तुम ऑफिस जा रही हो न? जाओ, ऐसे बात-बात पर ऑफिस कट नहीं करना चाहिए--देखूँ तो जरा प्यार तो कर लूँ....

[श्यामल बकुल की ठोडी पकड़कर अपनी तरफ खींचता है। उसका

हैलमेट और बकुल का हैट टकरा जाता है। दोनों हँस उठते हैं। बकुल श्यामल के गले लगकर लाड़ से कहती है]।

बकुल : चलो, चलें।

श्यामल : वर्धमान किसलिये जाओगी?

बकुल : बौकखाली जाएँगे।

श्यामल : धत्तेरे की। कभी कहती हो जाऊँगी, फिर नहीं जाऊँगी। मुझे बन्दर नाच नचा रही हो क्या?

बकुल : जाऊँगी।

श्यामल : नहीं जाओगी कहीं। बैठो। मेरा वर्धमान भी गया बौकखाली भी।

बकुल : कह तो रही हूँ, जाऊँगी।

श्यामल : नहीं जाओगी कहीं। तुम्हारा दिमाग फिर गया है।
[श्यामल चला जाता है]।

बकुल : (बुलाकर) श्यामल ! जाऊँगी, सच जाऊँगी।
[गुस्से और दुख से बकुल की आँखों से आँसू झर रहे हैं। नेपथ्य से श्यामल के मोटर साइकिल की घरघराहट सुनाई देती है। बकुल उठकर खिड़की से झाँकती है। गुस्से से घनघनाती हुई फोन करना शुरू किया]।

बकुल : हलो 556-4249 अरुप को ज़रा बुला देंगे। आपके नीचे की मंजिल में रहते हैं—अरूप—अरूप राय....
[दरवाजे पर अरूप खड़ा दीखता है। कमरे में घुसते समय ठिठक कर खड़ा हो जाता है। स्मार्ट युवक है। बकुल से उम्र में थोड़ा छोटा है]।

अरूप : अरुप बाहर गया है।

बकुल : **(फोन पर)** कहाँ गया है?

अरूप : बकुल सेन के घर। **(बकुल चौंक कर घूमती है और अरूप को देखती है। हँसकर)** कौन कहता है टेलीफोन से काम नहीं होता। आदमी को पकड़कर बिलकुल सामने हाज़िर कर देता है। बन्दा हाज़िर है। हुक्म कीजिए बेगम साहिबा।

बकुल : पहले बताओ सुबह-सुबह मेरे पास क्यों आए हो?

अरूप : आज से यहीं बोरिया-बिस्तर लेकर रहूँगा। तुम दिनों-दिन ऑफिस कट करोगी और मैं नित्यानन्द घोषाल की झाड़ खाता रहूँगा। ऐसे नहीं चल सकता। घोषाल बाबू ने तुम्हारी सारी फाइलें मेरे सिर मढ़ दी हैं। बस इसीलिये मैं तुम्हारे सिर पर आकर बैठा हूँ। नो आफिस नाथिंग—आज तुम्हारा कहाँ का प्रोग्राम है?

बकुल : नो प्रोग्राम।

अरूप : ठहरो, ठहरो, बेकार की बकवास बन्द करो बकुल दी। सलवार कमीज सिर पर स्ट्रॉ हैट, आँखों पर गॉगल्स। ज़रूर पतिदेव के साथ आउटिंग होगी....

बकुल : अरे नहीं रे बाबा। मेरे पतिदेव अपने काम पर चले गए वर्धमान।

अरूप : वर्धमान चले गये हैं। (**बैग खोलकर कुर्ता-पाजामा निकालता है**) तो फिर यह पाजामा किसका है?

बकुल : वह तुम्हारे लिये है। चलो मेरे साथ एक जगह घूमने चलो।

अरूप : वाह जा रही थी पतिदेव के साथ....अब मैं सामने पड़ गया। तो खिसियाहट दूर करने के लिये....इतना फालतू नहीं हूँ, मैं बकुल दी।

बकुल : अरूप, हाथ में समय बहुत ही कम है।

अरूप : तुम मेरे साथ मजाक कर रही हो बकुल दी? तुम्हारे लिये खट्-खट् कर गधा बन गया।

बकुल : सुबह-सुबह मजाक करने के लिये फोन नहीं किया मैंने। जाओगे या नहीं, यह बताओ। तुम नहीं जाओगे तो किसी और को लेकर चली जाऊँगी....जाऊँगी तो ज़रूर। (**अपने मन में बुड़बुड़ाती है**) कभी भी मेरी बात नहीं मानी। कहीं ले जाने को बोलो तो नहीं ले जायेगा.... पाँच साल के अन्दर हमारी शादी की सालगिरह भी नहीं मनाई—इतना कहा कि सिर्फ आज का दिन मेरी बात रख लो—लेकिन नहीं।

अरूप : ऐ बकुल दी, क्या हुआ है तुम्हें, मुझे बताओ।

बकुल : कुछ नहीं हुआ। जाओ तुम लोग। काम करो प्रमोशन पाओ जो मर्जी करो—गो टु हैल....मुझे किसी की ज़रूरत नहीं....मैं अकेले ही चली जाऊँगी।

अरूप : अरे बाप रे ! बिलकुल आग बबूला हो गयी हो। चलो बाबा, जहाँ भी ले चलना है, ले चलो। सिर्फ इतना ख़्याल रखना कि रात के बारह बजे से पहले घर लौटना है। मेरे स्वर्गीय पिताजी की बूढ़ी सहधर्मिणी बड़ी नाराज़ हो जाती हैं।

बकुल : सममुच जाओगे?

अरूप : लो भाई, बेगम साहब का मिज़ाज खुश। चलो, चलो तुम्हारे लिये तो एनिथिंग (**अरूप बकुल का बैग उठा लेता है**) गयी मेरी एक कैजुयल लीव।

बकुल : अरूप, सिर्फ टूरिस्ट बस के दो टिकट लेने पड़ेंगे।

अरूप : टूरिस्ट बस? मुझे कहाँ लिये जा रही हो हे सुन्दरी?

बकुल : बहोत दूर–समुद्र–रेत का फैलाव, सरो के जंगल–नीला आकाश–(**हँसकर**) डर लग रहा है क्या? मुन्ना?

(**प्रकाश मंद होता है**)

दृश्य तीन

[निचली मंज़िल पर पति-पत्नी का घर। पहले के दृश्य का परवर्ती क्षण। बाहर जाने की पोशाक में सज्जित बकुल चाबी का गुच्छा लेकर कमरे में दाखिल हुई। कमरा खाली है। बकुल ने दो बार मौसीजी, मौसाजी कहकर आवाज लगाई–कोई आवाज़ नहीं आई। बकुल क्या करेगी, समझ नहीं पा रही। तभी अरूप असमंजस में पड़ा हुआ आया।]

अरूप : क्यों, क्या हुआ?

बकुल : ठहरो, घर की चाबी दे जाऊँ। श्यामल लौटकर घर में घुस नहीं पाएगा।

अरूप : जल्दी करो।

बकुल : माशीमा, माशीमा–जाओ तुम एक टैक्सी बुलाकर लाओ।

अरूप : देर होने से हम सरोंके जंगल तक जाने वाली बस मिस करेंगे। (**अरुप चला जाता है**)

बकुल : कनाई दा। (**पत्नी अन्दर आती है**)

पत्नी : कौन बकुल? हाय माँ, सजधजकर सुबह-सुबह कहाँ चली?

बकुल : आपके कानों में कहूँगी (**कानों में फुसफुसाती है**)।

पत्नी : अच्छा? जा-जा बेटी, अच्छी तरह घूमघामकर आ। पहले से बताती तो मैं भी चली चलती। दिन-रात तेरे मौसाजी से लड़ना-झगड़ना अच्छा लगता है क्या?

बकुल : लेकिन श्यामल को बताइएगा नहीं।

पत्नी : नहीं-नहीं, अरे हम औरतों की सब प्राइवेट बातें–मर्दों को बताते हैं कभी। तेरी कोई भी बात मैंने किसी को नहीं बताई। तेरे लिये आंवले का अचार बनाकर रखा है। खाकर देखना क्या बढ़िया स्वाद है। [पति कन्हाई का हाथ पकड़कर कुछ समझाते हुए अन्दर दाखिल होता है]।

पति : (**कन्हाई को**) समझा, सुरमई ले आना, सुरमई मछली।

पत्नी : नहीं-नहीं रोहू।

पति : सुरमई ई ई....

पत्नी : रोहू ऽ ऽ ऽ (**परेशान कन्हाई दोनों कानों में उंगली डालता है**)

पति : मैं कह रहा हूँ सुरमई लाएगा तू।

पत्नी : खबरदार, रोहू।

पति : उंह, रोहू फोहू, आलतू-फालतू मछली।

पत्नी : अहा हा, सुरमई फोकी मछली।

पति : खून है उसमें।

पत्नी : उँह खून। तो जाओ न ब्लड बैंक में जाकर सीधे-सीधे खून ही पी लो—मछली किसलिये खानी है? क्यों रे बकुल (**बकुल हँसी रोककर सिर हिलाती है**)

जा, मोटी सी मछली ले आ, जितन बाबू रोहू का कलिया खाना चाहते हैं।

पति : कौन? कौन खाना चाहता है?

बकुल : जितेन डॉक्टर बाबू ।

पति : कन्हाई ।

कन्हाई : कन्हाई नहीं है। तनख्वाह वगैरह गिन-गिनकर दे दो....मैं अभी यहाँ से चला जाता हूँ।

बकुल : क्या हो रहा है कन्हाई, रुको ज़रा।

कन्हाई : नहीं-नहीं, हर रोज बाजार जाने से पहले यह तमाशा। मेहनत की खाते हैं। इस हुज्जत में रोज-रोज क्यों पड़ें? भाभी, मेरे दोनों कान के छेद बन्द हो गये हैं।

पत्नी : न बंद हों तो क्या करे? दिन-रात कान के पास चिल्ल-पों।

पति : खुद चिल्ला रही हो।

पत्नी : तुम चिल्ला रहे हो।

पति : तुम, तुम।

कन्हाई : अरे बाप रे। बकुल भाभी, मुझे अपने यहाँ नौकरी दोगी? तनख्वाह भी नहीं चाहिए मुझे।

बकुल : माशिमा, ओ माशिमा—दोनों में से एकजना तो चुप हो जाइए। मौसाजी उत्तेजित हो गए हैं—वह देखिए लाठी ठोक रहे हैं—

पत्नी : बस, ठोकने की लाठी है बस—मारने की नहीं है री बिटिया। (**बकुल की ड्रेस देखकर**) कितनी सुन्दर ड्रेस है तेरी। मुझे कभी खरीद कर नहीं दी ऐसी ड्रेस।

पति : सलवार कमीज पहनोगी तुम?

पत्नी : पहनूँगी। रोहू मछली खाऊँगी।

बकुल : सुनिये माशिमा, मैं आपको एक फार्मूला बताती हूँ—उस पर अमल करें तो झगड़ा झंझट होगा ही नहीं। दिनभर में जितनी बातें हैं उनमें से एक बात आपकी मर्जी से होगी। दूसरी मौसाजी की मर्जी से। फिर आपकी, फिर मौसाजी की—अगर इस तरह चलें तो।

पति : ऑल राइट—अगर इससे शांति बरकरार रहती है तो ऑल राइट। मैं शांति से ही कह रहा हूँ कि मैं रोहू मछली ही खाऊँगा—जा रे कन्हाई जो माईजी बोले वही ले आ—जा रोहू ही ले आ।

कन्हाई : फाइनल?

पति : फाइनल।

पत्नी : रहने दे। जो बाबूजी कह रहे हैं वही ले आ। सुरमई ही ले आ।

पति : नहीं जी, तुम रोहू और मैं सुरमई—यह नहीं हो सकता—मैं भी रोहू ही खाऊँगा।

पत्नी : तुम हजम नहीं कर पाओगे।

पति : कोशिश करूँगा—हज़म करने की कोशिश करूँगा। क्यों रे बकुल?

पत्नी : मर जाओगे—नहीं, तुम्हारे लिये सुरमई ही ठीक रहेगी।

पति : **(गुस्से से चिल्ला उठता है)** रोहू।

कन्हाई : दोनों ही ले आता हूँ।

पति : नहीं सिर्फ एक—रोहू।

पत्नी : सिर्फ एक—सुरमई।

पति : रोहू

पत्नी : सुरमई ई

पति : रोहू उफ् उफ् उफ् **(पति का दम घुटने लगता है। वह चित्त लेट जाता है। पीछे से हार्न सुनाई देता है)**

बकुल : अरे मर गए रे, माशिमा मैं चली।

पत्नी : **(पति को देखकर)** हाय दैया—यह क्या सर्वनाश हो गया। अरी ओ बकुल ठहर तो जरा।

कन्हाई : बाबूजी, बाबूजी।

बकुल : चाबी पकड़ो, चाबी पकड़ो कन्हाई दा।

कन्हाई : अरे चाबी गई भाड़ में—इधर दाँतों पर ताला लग गया—

पत्नी : बकुल, कहाँ जा रही है—पानी ले आ—

बकुल : कन्हाई दा, जल्दी पानी ले आओ—मुझे बस पकड़नी है।

[तभी जित्तन डॉक्कर गिरता-पड़ता अन्दर दाखिल होता है। तान छेड़ते हुए—लम्बा तगड़ा मर्द, पैंट शर्ट पहने-सिर पर फटी शोल हैट, हाथ में डॉक्टर का बैग]

जित्तन : मैं तूफानी हवा और तुम जलती शोला।

कन्हाई : यह लो. जित्तन बाबू आ गए।

पत्नी : ओ देवर जी!

जित्तन : क्या, क्या हुआ है?

बकुल : जल्दी से प्रेशर देखिए डॉक्टर साहब।

जित्तन : तुम्हारा प्रेशर कब से बढ़ गया बकुल?—देखूँ पल्स

बकुल : मेरा नहीं, उधर आप के दोस्त। मैं चली माशिमा।

[बकुल दौड़ कर निकल जाती है।]

जित्तन : **(पति को)** क्या हुआ है बे साले।

[पति आँखें बन्द किए दाँत भीचे पड़े हैं]

पत्नी : देवरजी, जल्दी देखिए नब्ज़—आपके दोस्त तो चले।

जित्तन : ओफ ओ रोना-धोना किसलिये? ए कन्हाई बैग खोल। **(पति को)** साहब, ओ साहब **(कन्हाई को)** सॉल्ट निकाल। मना किया न, शोर मत मचाओ। क्या आवाज़ पायी है। मैं डॉक्टरखाने में बैठा था सुनकर ही चौंक उठा कि किसका टायर बर्स्ट हो गया। भाभी इसका मुँह नहीं बन्द रख सकती तुम?

पत्नी : मेरे कहने पर चुप थोड़े ही करेंगे।

जित्तन : धमकाया करो।

पत्नी : वही तो करती हूँ।

जित्तन : हाँ, धमकाया करो और जरूरत पड़ने पर दरवाजा बन्द कर दिया करो बाहर से....

पति : **(अचानक उठकर बैठ जाता है)** हाँ, वह मुझे कमरे में बन्द करके रखेगी और तुम मजे से रोहू मछली का कलिया खाओगे।

जित्तन : चुप।

[पति को लिटाकर बांहों में ब्लड-प्रेशर की मशीन बाँधकर पम्प कर रहा है जित्तन]

पत्नी : आपके दोस्त, दिन-रात मुझे भला-बुरा कहते रहते हैं। मैं तो जैसे इनकी आँखों का काँटा बन गयी हूँ।

जित्तन : **(पति को)** तुझे हुआ क्या है रे, क्या हुआ है? इस उम्र में मैं प्रैक्टिस बराबर चलाए जा रहा हूँ और तू पट्ठा पेट में नमक का सेंक लगाए

जा रहा है और इस लड़की का जीवन दूभर किए दे रहा है?

पति : **(तपाक से उठ बैठता है)** लड़की नहीं। मुन्नी। मुनिया रानी।

पत्नी : देखा आपने?

जित्तन : ओफ़ ओ चुप। मैंने बहुत देखा है भाभी, यह गठिया के मरीज कभी भी अपनी बीवियों को सुख से नहीं रख सकते। मेरे हाथों पड़ती तो राजरानी बनाए रखता। खबरदार, लड़की को तकलीफ न देना।

पति : जित्तन तुम हमारे पारिवारिक मामले में नाक न घुसेड़ो।

जित्तन : नाक न घुसेड़ूं? पट्ठे तू मेरा पेशेन्ट है—जरूरत पड़ेगी तो पिटाई भी कर दूँगा—नींद की गोलियाँ खिलाकर हमेशा के लिये सुलाकर रख दूँगा। **(प्रेशर देखना खत्म करके)** कुच्छ नहीं हुआ—जानबूझ कर बेहोशी का नाटक कर रहा है। दो भाभी, खाने को दो कुछ। क्या बनाया है आज?

पत्नी : हींग की कचौरी तल के रखी हैं।

पति : अहा हा। क्या बात कही है।

पत्नी : ओ कन्हाई, जा कचौरी ले आ।

कन्हाई : जाऊँ, ले आऊँ कचौरी **(कन्हाई चला जाता है)**

जित्तन : कल रात को डॉक्टरखाने में रात का खाना नहीं पहुँचाया गया भाभी।

पत्नी : हाय राम! रात को खाना नहीं खाया?

पति : **(मुँह चिढ़ाकर)** नु नहीं।

जित्तन : **(पति को)** ए यह क्या हो रहा है? **(पत्नी को)** किसी ने भेजा ही नहीं। भतीजों की बहुएँ चाचा ससुर को भूल ही गयीं लगता है। पेट पर पट्टी बाँधकर रात भर लेटा रहा।

पत्नी : अकल की दुश्मन सब की सब। एक आदमी दिन-भर जीतोड़ मेहनत करे और भूखा सो जाए। हाय, चेहरा एकदम सूख गया है। हमारे यहाँ क्यों नहीं चले आए देवर जी?

पति : कैसे चला आता? आधी रात को तुम्हारे पास?

जित्तन : ए चुप रह। बस सोचता ही रहा कि चला आऊँ—पर कल मरीजों की भी भीड़ थी बहुत।

पत्नी : अच्छा, अब पसीना पोंछिए। कब से बनाकर रखी हैं। ठंडी न हो गई हो।

कन्हाई : गरम है। हाथ में गरम लग रहा है। **(कन्हाई कचौरी की तश्तरी लेकर घुसता है)**

जित्तन : दे, जल्दी दे। देख बे पट्ठे, तेरी बीवी मेरे लिये कचौरी बनाकर रखती है, तेरे लिये बनाती है कभी?

पत्नी : मेरा ठेंगा। **(पत्नी पंखा लेकर जित्तन के पास बैठती है)**

जित्तन : **(एक गस्सा खाकर)** अहा हा, अमृत। सुबह-सुबह खस्ता कचौरी—दिन अच्छा गुज़रेगा—वाह अमृत।

पति : क्या नदीदापन और नखरा।

कन्हाई : **(पति को)** चलिये बाबूजी। जो चीज़ खा नहीं सकते, उसे ताकते रहने से क्या फायदा? चलिये हम बाजार हो आते हैं।

पति : **(जित्तन को)** खा, खा। **(बीवी को)** और जोर-जोर से पंखा झलो। *[कन्हाई और पति बाहर जाते हैं। पत्नी और जित्तन हँसते है]*

पत्नी : जिन्दगी बीत गयी, घर गिरस्ती नहीं की। कितना कहा शादी-वादी कीजिए। जब उमर थी तब तो सुना नहीं। अब इस उमर में कोई साथ नहीं। भतीजे-भतीजियों के भरोसे।

जित्तन : घाटे में नहीं रहा जी। शादी अगर करता तो क्या बीवी इस तरह हींग की कचौरी बनाकर खिलाती? ठेंगा दिखाती। कोई कमी नहीं है मुझे। सब अभाव तो तुमने मिटा दिए हैं भाभी।

पत्नी : आपके लिये मुझे जाने कैसा डर लगता है देवर जी। अभी तक इतनी मेहनत करते हैं। रुपया तो ढेरों कमाया—और क्या करना है। क्या होगा इतने रुपयों से?

जित्तन : क्यों, भतीजे-भतीजियों को दे जाऊँगा।

पत्नी : वे लोग आपकी बिल्कुल परवाह नहीं करते और उन्हीं लोगों को सब दे जाएँगे?

जित्तन : तभी तो दे जाऊँगा भाभी। जब मेरे पैसे खरचेंगे तो एक बार को सोचेंगे—जब वह आदमी जिन्दा था तब हमने उसकी देखभाल क्यों नहीं की? **(ठहाका मारकर हँसता है)** हाँ, याद आया तुम्हारे लिये एक चीज लाया हूँ। देखो जेब में है—**(जित्तन की जेब में से पत्नी एक डिब्यिा निकालती है)**

पत्नी : **(खुश होकर)** पान बहार!

जित्तन : उस दिन जो जर्दा लाया था, वह कैसा था?

पत्नी : बहौत अच्छा। **(डिबिया का ढक्कन खोलते-खोलते)** आह क्या खूशबू है।

जित्तन : **(रुमाल से हाथ पोंछता है)** सपना अगर इतना मधुर हो कोई मुझे जगाए न, कोई मुझे जगाए न।

(एक अखबार हाथ में लेकर पति चिल्लाता हुआ।)

पति : डकैत-डकैत।

जित्तन : कहाँ?

पति : आसाम जनता मेल में। परसों रात को। सात लोग स्पाटैड–सत्रह लोग वुनडेड, भयंकर रेल डकैती, न्यू बंगाइ गाँव स्टेशन के मील भर के अन्दर कैसा सर्वनाश हो गया रे जीतू।

पत्नी : रावण मरा लंका में सती बेहुला विधवा हो गयी। कहाँ तो डकैती हुई न्यू बंगाई गाँव में और कलकत्ते वालों की छाती फट रही है।

पति : अरे बड़ा मुन्ना तो न्यूबंगाई गाँव का स्टेशन मास्टर है।

जित्तन : तो क्या हुआ?

पति : क्या हुआ? कितना कुछ हो सकता है। जित्तन भैया तू जाकर एक टेलीग्राम कर दे।

जित्तन : कहाँ?

पति : बड़े मुन्ने को **(अखबार दिखाकर)** देख घायलों की लिस्ट में लिखा है एक रेलवे कर्मचारी। अगर बड़े मुन्ने को कुछ हो गया हो? मेरी छाती में जाने कैसा हो रहा है। जीतू, जीतू पकड़ ज़रा।

जित्तन : अरे दाब के बैठ साले। रेलवे में क्या तेरा अकेले का बेटा काम करता है?

पति : पिता का दिल क्या होता है ! यह तू नहीं समझेगा साले, **(पत्नी आँखों में आँचल ठूसे रो रही है।)** अजी रोवो मत–

पत्नी : **(झटके से)** रोए मेरा ठेंगा। दिल्ली में मेरा छोटा मुन्ना जाने कैसा होगा?

पति : धत्तेरे की।

पत्नी : धत्तेरे की? मेरा छोटा मुन्ना धत्तेरे की? और बड़ा मुन्ना पुचपुच। देख रहे हैं देवर जी?

जित्तन : हाँ, वही तो देख रहा हूँ। क्यों रे, बासी अखबार में ढूँढ-ढूँढकर बड़े मुन्ने की बात ही क्यों निकाली? छोटे मुन्ने की खबर भी तो निकाल सकता था।

पत्नी : जित्तन बाबू, आप मुझे काली-घाट ले जाएँगे ज़रा?

जित्तन : कालीघाट?

पत्नी : छोटे मुन्ने के लिये मन्नत मानूँगी। पिछले महीने लिखा था उसकी तोंद धड़धड़ाकर कर बढ़ती जा रही है।

जित्तन : अच्छा। तो चलो तोंद घटाने के लिये मन्नत मांग आते हैं।

पति : उँह, नखरा। छोटे को लेकर लड़िया रहे हैं और बड़े के ऊपर डकैत।

पत्नी : ऊपर नहीं अन्दर।

पति : अन्दर?

पत्नी : ज़रा पता लगाना। तुम्हारा वह बड़ा बेटा उन डकैतों के गिरोह में ही शामिल है। पण्डा है डकैतों का।

पति : पण्डा? बड़ा मुन्ना स्टेशन मास्टरी छोड़कर रेल में डकैती करता फिर रहा है ?

पत्नी : और नहीं तो क्या? घूस ले लेकर जिसने रेल कम्पनी को खोखला कर दिया, वह मौका पाने पर डकैती करना छोड़ देगा? आप ही बताइये, जित्तन बाबू।

जित्तन : हाँ और क्या। इसके अलावा रेल में डकैती करने के लिये रेलवे के सब अन्दरूनी भेदों की जानकारी भी होना चाहिए। और स्टेशन-मास्टर के अलावा यह इतनी जानकारी और किसे होगी?

पति : शट अप (**छड़ी उठाता है**) पता नहीं कहाँ पड़ा हुआ है, जाने क्या हुआ है, कुछ पता ही नहीं चल रहा और यहाँ ये दोनों मिलकर उसके नाम पर डिफेमेटरी कमेंट कर रहे हैं।

पत्नी : हजार बार करूँगी डिफेमिटरी। देवर जी, आपको पता है? इस मकान पर बड़े मुन्ना की नजर गड़ी है। बाप के पीछे पड़ा है, घर बेचकर पैसे हथियाएगा।

जित्तन : क्या कहती हो भाभी?

पत्नी : हाँ, लेकिन मैं भी हूँ और छोटा मुन्ना भी है। देखूँ कैसे मकान बेचता है?

जित्तन : नहीं, नहीं, बड़े मुन्ना को इस मकान में घुसने ही नहीं दिया जाएगा।

पति : निकलो, निकलो मेरे घर से (**छड़ी उठाता है**) गेट आउट।

जित्तन : (**हँसकर**) चलता हूँ भाभी—कालीघाट ले चलूँगा अपनी मोटर में।

पत्नी : हाँ, हाँ।

पति : नहीं, नहीं।

जित्तन : (**पति को चिढ़ाने के लिये गाता है**) पिया मिलन को जाना हो, हो पिया मिलन को जाना।

[जित्तन हँसते हुए चला जाता है]

पति : साले को घर के पास भी नहीं फटकने दूँगा।

पत्नी : बिना बुलाए भी तो काम नहीं चलता तुम्हारा—जब दमे की साँस चढ़ेगी...

पति : नटवर वैद्य को दिखाऊँगा—कोई बात नहीं लेकिन उस हरामजादे की दवा हरगिज न खाऊँगा।

पत्नी : देखा, देखा? बचपन के दोस्त के लिये कैसे बोल रहा है।

पति : दोस्त? नो, माई ग्रेटेस्ट एनिमि। याद नहीं है उस हरशृंगार के पेड़ के नीचे भरी साँझ को तुम्हारे जूड़े में? गजरा नहीं पहनाया था?

पत्नी : हाय माँ, वह तो कितने दिन पहले की बात है। तब सिर्फ तीन ही महीने हुए थे मेरी शादी को। उन्होंने शरारत से गजरा पहना दिया था।

पति : उँह शरारत से।

पत्नी : **(बड़े गर्व से हँसते हुए)** पहना भी दिया था तो क्या? देखने-सुनने में तो अच्छी ही थी। इस मोहल्ले में सुन्दरी बहू कोई और तो नहीं थी न—सब में एक मैं आयी थी। जवान लड़कों की नज़रों में तो पड़ती ही और जितू बाबू की भी भरी जवानी थी।

[शर्माती हुई पत्नी अन्दर चली जाती है]

पति : **(पागलों की तरह)** जित्तू बाबू। जित्तन से जितू? लिख रहा हूँ अभी बड़े मुन्ने को लिख रहा हूँ, जितू कहना निकालता हूँ। ओ हो ओ जितू उ उ उ **(पति दौड़कर कागज कलम ले आता है और चिट्ठी लिखने लगता है।) (कन्हाई भरा थैला लिये बाजार से लौटता है) (थोड़ा-सा लिखकर)** पाजी लंपट दुश्चचित्र।

कन्हाई : मैं पूछता हूँ क्यों? उस आदमी को इतना सर चढ़ाया क्यों जायेगा? उसके साथ इतना घुलना-मिलना किसलिये? उसके सामने सिर ढककर क्यों नहीं आया जाता?

कन्हाई : क्या हैरानी की बात कर रहे हैं? माँजी उनके सामने सिर ढककर क्यों आएँगी।

पति : **(फिर लिखता है)** जिन्दगी भर मुझे जलाती रही है। साला मेरी नींद छीनकर फिर नींद का गोलियाँ खिला रहा है। कमबख्त ने शादी क्यों नहीं की? किसके लिये नहीं की?

कन्हाई : वह सब मुझे क्या मालूम। मुझे तो उन्होंने कुछ नहीं कहा।

पति : किसका चेहरा याद करके?

कन्हाई : किसका चेहरा याद करके बाबूजी?

पति : जैसे मैं कुछ समझता ही नहीं? ऐम आइ अ फूल? **(चिट्ठी लिखने का पन्ना खत्म हो गया)** दे एक पन्ना—।

कन्हाई समझ नहीं पाता एक साग का पत्ता तोड़कर देता है।

पति : निकल यहाँ से।

[पत्नी आती है। तुरन्त पति जोर-जोर से लिखी हुई चिढ्ठी को पढ़ना शुरू कर देता है।]

पति : कल्याण वरेषु बड़े मुन्ना—न्यूबंगाई गाँव के स्टेशन के समीप ही भयंकर रेल डकैती की खबर पढ़कर मैं बहुत ही विचलित हो गया हूँ। आशा है तुम सब लोग सकुशल होंगे। जो भी हो तुम चिट्ठी पढ़ते ही यहाँ चले आना। तुम्हारी माताश्री ने मेरी जिन्दगी को काँटों से भर दिया है। मेरे जीवन में एक और शत्रु का अविर्भाव हुआ है। बहुत दिनों से ही वह मेरा अनिष्ट करता आ रहा है। अब तो चरम सीमा पर आ गया है। तुम आकर मेरी रक्षा करो—
इति आशीर्वादक-बाबा

पत्नी : **(उँगली को हवा में घुमाते हुए चिट्ठी लिखना शुरू करती है और साथ-साथ पढ़ती जाती है)**
प्राणाधिक छोटे मुन्ने, प्राणप्यारी छोटी बहू, तुम्हारे पिताश्री दिन-रात पीछे पड़कर मेरी हड्डी-पसली में घुन लगाने की तैयारी में हैं। जो भी हो यदि तुम लोग अविलंब यहाँ आकर मुझे बचाने का कोई तरीका न निकालो तो मुझे आत्महत्या करनी पड़ेगी—इति तुम लोगों की अभागन माँ—पुनः तुम्हारे जितू काका का शोला हैट फट गया है। दिल्ली से एक ऊनी टोपी अवश्य लाना।
[पति-पत्नी गुस्से और आक्रोश से एक-दूसरे की ओर ताकते रहते हैं।]
(प्रकाश मंद होता है)

दृश्य : चार

[बौकखाली का टूरिस्ट लॉज। लॉज का मैनेजर और बोर्डर का एक कमरा इस दृश्य में होगा। पास-पास दोनों एरिया सजे हुए हैं। खिड़की का परदा हटाते ही दोनों कमरों से सरों के वन दिखाई देते है। ऑफिस में श्यामल और दोलन और मैनेजर। दोलन चुप और नाराज-सी होकर बैठी है। दो एक बोर्डर और वेटर इधर-उधर आ-जा रहे हैं?]
[मैनेजर का ऑफिस]

मैनेजर : **(रजिस्टर में लिखने की तैयारी कर रहा है)** शुक्र है आप लोगों को एक कमरा तो दे पाया। सर, क्या घूमने के हुड़क उठी है सब लोगों में। इस साल तो खाली बौकखाली और बौकखाली—चींटी के कतार की तरह लोग आ रहे हैं। आज वीक डे है फिर भी देखिए लोगों के आने में कोई कमी नहीं है—जाने क्या देखा है लोगों ने इस बौकखाली में। आज मिनिस्टर आ रहा है, कल स्मगलर आ रहा

है—एकदम नाक में दम है। कुछ दिन पहले ही एक फिल्म शूटिंग की पार्टी आकर ठहरी थी—क्या बताऊँ सर, माल की बोतलों की सफाई करने में ही पाँच दिन लग गए। नाम?

श्यामल : एस. सेन।

मैनेजर : पेशेन्ट?

श्यामल : **(जोर से)** एस सेन

मैनेजर : पूरा नाम।

श्यामल : श्यामल सेन।

मैनेजर : **(रजिस्टर में लिख रहा है)** विमल पाल।

श्यामल : **(और जोर से)** श्यामल सेन।

मैनेजर : आस्ते। ज़रा आस्ते बोलिये सर, मैं बहरा तो नहीं हूँ। साथ में ये...?

श्यामल : दोलन?

मैनेजर : कोलन? माने सेमीकोलन?

श्यामल : दोलन, दोलन।

मैनेजर : ओ (झूले का माइम करके) दोलन—रिलेशन।

श्यामल : मिसेस।

मैनेजर : मिसिंग? कौन? कब? पुलिस को खबर की है?

श्यामल : **(जोर से)** मिसेस...।

मैनेजर : आई सी। परपज़ ऑफ विज़िट?

श्यामल : साइट सीइंग।

मैनेजर : काइट फ्लाइंग? मतलब बीवी को लेकर पतंग उड़ाना यू मीन पतंग लेकर बीवी को उड़ायेंगे?

श्यामल : मैं लिखता हूँ। **(श्यामल रजिस्टर खींच लेता है)**

मैनेजर : लिखिए, पता लिखिए।

श्यामल : कुछ घंटों के लिये कमरा ले रहे हैं तो इतनी पूछताछ क्यों कर रहे हैं? दो तीन घंटे बाद चले ही जाना है।

मैनेजर : खाना? खाना बहुत बढ़िया है। जैसा चाहते हैं, वैसा मिलेगा। इंगलिश मुगलाई—

श्यामल : ओफ् ओ—खाना नहीं मैं कह रहा था हमें तो थोड़ी देर में चले जाना है तो इतनी पूछताछ क्यों?

मैनेजर : वह तो करनी ही पड़ती है। कुछेक महीने पहले ऐसे झमेले में फँस गया—अखबार में नहीं पढ़ा आपने? आपके ही उम्र के एक सज्जन

मिसेस को लेकर कमरे में घुसे और थोड़ी देर बाद ही पुलिस आयी—असल में वे सज्जन उस महिला के ड्राइवर थे—क्या गन्द, क्या लैला-मजनू के किस्से। रहमान! मुझे तो गाँवखाली बदली पर भेज रहे थे। बड़ी मुश्किल से हाथ-पाँव जोड़कर रुकवाई बदली—लीजिए दस्तखत कीजिए—रहमान, रहमान (**रहमान आता है**) कितनी बार बुलाना पड़ता है?

रहमान : सुनाई नहीं दिया सर।

मैनेजर : क्यों? बहरा है क्या? जा इन्हें चार नम्बर कमरा दिखा दे।

रहमान : यह रहा, सर चार नम्बर—अन्दर चले जाइए, सब रेडी है—लंच में क्या खाएँगे सर ।

श्यामल : चिकन होगा न?

मैनेजर : सॉरी, आज बिरियानी नहीं होगी।

रहमान : (**जोर से**) ये कह रहे हैं चिकन।

मैनेजर : ओफ धीमे धीमे—इतना चिल्लाने की क्या बात है? नहीं , मटन भी आज नहीं मिलेगा।

श्मामल : इम्पासिबल, भई रहमान तुम पहले ज़रा कोल्ड ड्रिंक्स का बन्दोबस्त करो? बरफ होगी न?

मैनेजर : कैसे? कोल्डड्रिंक्स गरम कैसे होंगे—कोल्ड ड्रिंक्स गरम कैसे हो सकते हैं सर।

श्यामल : बरफ-बरफ।

रहमान : गरम नहीं बरफ।

मैनेजर : ओ यू मीन आइस।

श्यामल : यस, सिर पर रखते हैं (**दोलन को**) चलो। मैनेजर की ओर देखकर साला। (**श्यामल और दोलन कमरे के दरवाजे से अन्दर घुस जाते हैं**)

मैनेजर : (**हँसता है**) सोच रहा है मैं बहरा हूँ। अरे उस घटना के बाद मैं बहरा बना रहता हूँ। मुझे बहरा समझ कर लोग अपना मन खोलकर अपने दिल की गुप्त बातें बोल देते हैं। और जितने सीक्रेट मैटर हैं न सब राडार में दर्ज हो जाते हैं। हा! हा!

रहमान : घर पर आप इंटेलिजेन्ट हैं क्या?

मैनेजर : खीसें मत निपोर। जा चिकन का बन्दोबस्त कर। अभी टूरिस्ट बस आ जायेगी, जाने कितना माल आएगा।

(अँधेरा)

[मंच का दूसरा हिस्सा। चार नम्बर कमरे में बत्ती जलती है।

श्यामल ने खिड़की का पर्दा हटा दिया है। दूर सरो के जंगल का आभास।]

श्यामल : ब्यूटीफुल। दोलन देखो, नाइस व्यू। समुद्र में ज्वार उफन रहा है। एक्सेलेंट, अपूर्व।

दोलन : मैं तुम्हारे साथ यह अपूर्व दृश्य देखने नहीं आई हूँ श्यामल।

श्यामल : तुम्हें हो क्या गया है, बताओ तो? सारे रास्ते घुटन भरी चुप्पी में रही। फोन पर तो कितना उत्साह और प्यार जतला रही थी। लेकिन मिलने के बाद से ही देख रहा हूँ जाने क्या ....ए क्या हुआ है?

दोलन : मुझे बीस हजार रुपये देने होंगे, श्यामल :

श्यामल : रुपये? बीस हजार?

दोलन : हाँ? बीस हजार और कल तक देने हैं।

श्यामल : अरे बाप रे, तुमने तो अब नाटक करना शुरू कर दिया? बिल्कुल रहस्यमय नाटक मिस्ट्री थ्रिलर।

दोलन : **(दबी आवाज़ में)** नहीं, नाटक नहीं है। रुपया मुझे चाहिए ही। और यह रुपये वापस नहीं मिलेंगे, इसी उम्मीद से देने पड़ेंगे।

श्यामल : एक साथ बीस हजार रुपये की तुम्हें क्या ज़रूरत पड़ गई?

दोलन : बीस नहीं, ज़रूरत तो मुझे एक लाख रुपये की है।

श्यामल : लाख रुपये।

दोलन : समझ ही रहे हो कि रुपये मैं कई जगहों से इकट्ठा कर रही हूँ। तुम्हें देना ही होगा श्यामल, मेरा और कोई सोर्स नहीं है।

श्यामल : लेकिन रुपये तुम्हें क्यों चाहिए—यह तुमने नहीं बताया।

दोलन : नहीं बताऊँगी।

श्यामल : क्यों?

दोलन : मत पूछो क्योंकि सही जवाब नहीं मिलेगा।

श्यामल : हूँ। लेकिन मेरे पास इतने रुपये कहाँ से आएँगे?

दोलन : श्यामल, बिना खोज खबर-लिये मैंने तुम्हें टैप नहीं किया। तुम महीने में तीनेक हजार कमाते हो, तुम्हारी बीवी भी नौकरी करती है। बाल-बच्चे नहीं हैं। बीसेक हजार रुपये भी तुम्हारी सेविंग्स में नहीं है यह मुझे विश्वास नहीं होता।

श्यामल : दोलन, तुम सचमुच मेरे लिये बड़ी रहस्यमयी (मिस्टीरियस) होती जा रही हो। सात साल गुजर गए, कोई खबर नहीं—फिर अचानक अजीब-सा फोन। तुमने कहा, सुदीप से तुम्हारा डिवोर्स हो गया है— अब कह रही हो लाख रुपये न होने से काम नहीं चलेगा। नहीं, सब बातें जब तक

खुलासा नहीं करोगी, मेरे लिये रुपये देना संभव नहीं होगा।

दोलन : तुम नहीं दोगे श्यामल?

श्यामल : दूँगा या नहीं दूँगा, वह सब बाद की बातें हैं। लेकिन मुझे लग रहा है तुम कुछ छिपा रही हो। क्या छुपा रही हो?

दोलन : मान लो कि मैं एक चीट हूँ, धोखा-धड़ी करती हूँ। एक ब्लैक रैकेट में फँस गयी हूँ—या फिर मैंने एक खून किया है। इन रुपयों से अपने को छुड़ाऊँगी—जो मर्जी सोच सकते हो।

श्यामल : ऐसे कुछ सोचूँगा, तब तो अभी तुम्हें छोड़कर भागना पड़ेगा।

दोलन : श्यामल दो, रुपये दे दो मुझे—इसके बदले में तुम जो भी चाहो—यहाँ तक कि मैं आज तुम्हारे साथ रात भी बिता सकती हूँ।

श्यामल : दोलन, छीः।

दोलन : श्यामल, मैं डेसपरेट हूँ।

श्यामल : दोलन, यूनिवर्सिटी में पढ़ते समय मैं तुम्हें पाने के लिये पागल हो गया था। हमारा प्यार शादी के पड़ाव तक नहीं पहुँच पाया। बीच में तुम्हारी शादी सुदीप के साथ हो गयी। नयी जिंदगी शुरू हुई। खैर छोड़ो। वह सब दिल दुखाने वाली बातें भूल ही चुका हूँ। आज फोन पर तुम्हारी आवाज सुनकर युनीवर्सिटी के वे दिन याद आ गए। कितने सुंदर, कितने मधुर थे वे दिन। प्लीज उन दिनों को तुम इस तरह बद्सूरत मत बना दो।

दोलन : तुम इतने बड़े साधु हो, यह तो पता न था।

श्यामल : साधु मैं नहीं हूँ, लेकिन पागल भी नहीं हूँ। तुम्हारा मामला क्या है? बकुल को रुलाकर मैं यहाँ चला आया हूँ। बताओ तो ठीक-ठीक किस वजह से तुम मुझे यहाँ खींच लाई हो? क्या मतलब है तुम्हारा?

(अंधकार)

[मैनेजर का ऑफिस। रहमान के साथ अरूप और बकुल अन्दर आते हैं]

रहमान : बैठिए, मनेजर बाबू ने आपको बैठने को कहा है।

बकुल : कमरा मिल सकता है?

रहमान : मैनेजर बाबू देख रहे हैं, क्या किया जा सकता है।

(रहमान चला जाता है)

अरूप : कहाँ तो मुझे इस समय ऑफिस में बैठे कलम घिसना था, कहाँ तुम्हें लेकर बौकखाली।

बकुल : कमरा मिल जाएगा तो मैं सोऊँगी। तुम बाहर घूमघाम आना।

अरूप : अरे घूमने आई हो तो सोओगी क्यों। वह सब नहीं चलेगा। हाथ मुँह धोकर फ्रेश हो लो, चलो आज तुम्हारा गाना सुनूँगा।

बकुल : सिर बहुत भारी हो रहा है, जकड़ा हुआ है।

अरूप : यह लो, मुझे यहाँ पकड़कर लाई हो अब, सिर जकड़ रहा है।

बकुल : सच, मुझे बिल्कुल अच्छा नहीं लग रहा। अब जल्दी-जल्दी लौट जाएँ तो चैन मिले।

अरूप : मियाँ जी के लिये मन खराब हो रहा है। मुझे मालूम था यही होगा इसीलिये मैं आना नहीं चाहता था।

बकुल : किसी तरह से आने को राजी नहीं हुआ। ऐसा ज़िद्दी है न। बेहद अड़ियल है। अच्छा अगर वह आता तो कितना अच्छा लगता न?

अरूप : शादीशुदा औरतों के साथ कहीं घूमने नहीं जाना चाहिए। थोड़ी देर बाद ही जाने कैसा फालतू-सा महसूस होता है।

बकुल : नाराज़ हो गए, ए अरूप। अच्छा बाबा, ठीक है चलो, कमरे में बैग वगैरह रखकर कहीं घूमने चलते हैं। आज मैं तुम्हें गाना सुनाऊँगी, जितनी मर्जी–आज जो तुम कहोगे वही....**(वह अरूप के कन्धों पर हाथ रखती है)** मैनेजर चुपचाप पीछे आकर खड़ा हो जाता है–छींकता है। बकुल चौंककर हाथ हटा लेती है।

मैनेजर : बैठिए। थोड़ा इन्तजार करना पड़ेगा। थोड़ी देर में एक सज्जन कमरा खाली कर रहे हैं। आप लोग उसी में जाएँ। आइए तब तक फोरमैलिटीज़ निबटा लें। **(रजिस्टर खोलता है)**

मैनेजर : हूँ। नाम?

अरूप : अरूपरंजन मुखर्जी।

मैनेजर : **(लिखता है)** रतन दर्जी

बकुल : क्या? नहीं, नहीं **(अरूप इशारे से उसे चुप रहने को कहता है)**

मैनेजर : आप? **(बकुल की ओर इशारा करता है)**

अरूप : बकुल सेन।

मैनेजर : गोकुल बैन **(लिखता है)**

बकुल : बहरा है क्या?

अरूप : हद हो गई।

बकुल : क्या सब ऊटपटाँग नाम लिख रहा है।

अरूप : लिखने दो न।

बकुल : मेरा नाम लिखा है अमुल बैन।

अरूप : अच्छा ही है। अपना असली नाम रेकॉर्ड में न रखना ही अच्छा है।

बकुल : क्यों?

अरूप : अरे ऑफिस से टिप कर समुद्र के किनारे घूम रहे हैं लोगों को कानोंकान खबर हो गई तो आफिस में टिकना मुश्किल हो जाएगा। और फिर अगर कभी मियाँ जी बौकखाली आ टपकें। **(मैनेजर की आँखें रहस्यमय किस्से की गन्ध पाकर गोल गोल हो उठती हैं)**

बकुल : कैसी अजीब तरह से ताक रहा है देखो।

अरूप : तुम्हें देख रहा है। उसे ज़रा गाली-गलौज़ करूँ?

बकुल : ए नहीं, नहीं।

अरूप : अरे देता हूँ गाली, सुनाई नहीं देगा **(मैनेजर की ओर भोला-सा चेहरा बनाकर)** आँखें फोड़ दूँगा। क्या देख रहे हो ऐसे। मेरी बीवी नहीं है, पराई बीवी है। हम दोनों प्यार करने आए हैं। क्या कर लेगा तू? हम एक ही ऑफिस में काम करते हैं। ऑफिस से टिप कर मस्ती करने आए हैं। क्यों रे मुँह खुला का खुला ही रह गया? साला। **(बकुल शर्मा कर हँस रही है)**

मैनेजर : आप की बीवी नहीं पराई औरत है। प्यार करने आए हैं। **(अरूप आश्चर्य चकित है)** मुँह बाए क्या देख रहे हैं ऐसे? आँखें फोड़ दूँगा।

अरूप : आप सुन सकते हैं?

मैनेजर : अपको क्या लग रहा है? नहीं सुन सकता? किस ऑफिस में काम करते हैं आप लोग। झटपट बोलिये ऑफिस का नाम क्या है?

अरूप : ये है मेरा आइडेंडिटी कार्ड।

मैनेजर : अपने पति का नाम बताइए बकुल देवी। **(बकुल डर कर खड़ी हो जाती है)** नहीं-नहीं उठिए मत, अभी मैं ट्रन्क कॉल करूँगा।

बकुल : अरूप....

अरूप : ए मिस्टर—जो कुछ कहना हो मुझे कहिए। महिला के साथ तमीज से बात कीजिए।

मैनेजर : शट अप। आप लोगों की तरह जेंटलमैन बहुत देखे हैं। उनके लिये बहुत मुसीबतें भी सही हैं। अब की बार थोड़ी सीख सिखाए बिना नहीं छोड़ूगा। **(धमकाकर)** बैठिए।

(अरुप और बकुल बैठ पड़ते हैं)

बताइए, ऑफिस का नाम बोलिये।

(प्रकाश मन्द होता है)।

[दोलन और श्यामल का कमरा। दोलन और श्यामल बैठे हैं। श्यामल सिर नीचा कर गुस्से भरी चुप्पी लिये बैठा है]।

दोलन : बताओ, बताओ, मैं क्या करूँ। ये रुपये तुम चाहो तो मुझे ज़रूर दे सकते हो। दोस्तों से उधार लेकर दे सकते हो। बीवी के गहने बेचकर दे सकते हो। श्यामल, आज अगर तुम्हारी बकुल के सिर में कोई ट्यूमर होता तो? तब तुम किसी न किसी तरह इन रुपयों का जुगाड़ कर ही लेते।

श्यामल : मुझे जो कहना था मैंने कह दिया दोलन।

दोलन : तो अब मुझे जो करना है, मैं करूँ ।

श्यामल : **(चौंककर)** क्या करोगी?

दोलन : खास कुछ नहीं–सिर्फ तुम्हारे ऑफिस में और तुम्हारी बीवी को इत्तला कर दूँगी कि तुम मुझे अपनी बीवी बनाकर इस होटल में लाए हो और बुरे मतलब से ही....

श्यामल : दोलन।

दोलन : टूरिस्ट लाज के रजिस्टर में अपने हाथ से नाम पता सब लिखा है। उसे साबित करने के लिये कुछ नावाँ तो खरचना ही पड़ेगा।

श्यामल : ब्लैकमेल करोगी तुम? इतनी ओछी हो गई हो तुम।

दोलन : मैं ओछी हो गई हूँ, यह अभी तक तुम्हें समझ नहीं आया?

श्यामल : जो मर्जी हो, सो करो। मैं जा रहा हूँ।

[श्यामल बैग उठाकर दरवाज़े की तरफ़ बढ़ता है। पीछे से दोलन अचानक चिल्ला उठती है।]

श्यामल : **(हैरान होकर बेवकूफ की तरह)** दोलन।

दोलन : **(दबी आवाज में)** रुपये दोगे कि नहीं, यह बताओ। रुपये मुझे चाहिए ही। **(जोर से)** तुम मुझे फुसला कर यहाँ क्यों लाए हो? यू चीट यू स्काउड्रल। छोड़ो मुझे, छोड़ दो मुझे। मैं तुम्हारी बीवी नहीं हूँ। अभी लोगों को इकट्ठा करती हूँ। कौन है यहाँ....

[नेपथ्य में लोगों के बातचीत और कदमों की आवाज़। श्यामल शेर की तरह झपट कर दोलन का मुँह दबाता है] ।

श्यामल : चुप, चुप रहो, कहता हूँ।

[मैनेजर, रहमान और दो-एक आदमी हल्ला-गुल्ला करते हुए दौड़े आते हैं] ।

मैनेजर : क्या, क्या हुआ? क्या मामला है?

[कमरे में चुप्पी। दोनों पक्ष चुप हैं। अचानक बकुल भीड़ ठेल कर सामने आती है। श्यामल और बकुल आमने-सामने हैं और एक दूसरे को ताक रहे हैं। बाहर समुद्र का शोर है] ।

(मध्यान्तर)

'सैयाँ बेईमान' के एक दृश्य में एस. एम. ज़हीर, उमेश श्रीवास्तव और वीणा मेहता

'सैयाँ बेईमान' के एक दृश्य में रेखा जौहरी और सुभाष गुप्ता

'सैयाँ बेईमान' के एक दृश्य में रश्मि वैद्यलिंगम और सुभाष गुप्ता

अंक : दो

दृश्य : एक

[पति पत्नी का कमरा। दोपहर के तीन बजे हैं। पति गुस्से से चुप होकर चहल-कदमी कर रहा है। कन्हाई उसे पंखा झल रहा है]।

पति : कहाँ गई है?

कनाई : यह मैं नहीं बता सकता। मुझे नहीं पता।

पति : कब गई है?

कनाई : ढाई बजे।

पति : मुझे आवाज़ क्यों नहीं लगाई?

कनाई : कहा तो तुम सो रहे थे। जित्तन बाबू आए। ऐसे बुलाया। और माँजी दबे पाँव फुर्र से बाहर चली गईं।

पति : ले पंखा चला जोर से। कैसे गई?

कनाई : क्यों, जित्तन बाबू की मोटर गाड़ी में।

पति : गाड़ी में और कौन था?

कनाई : कोई नहीं, आज तो ड्राइवर भी नहीं था बाबा। जित्तन बाबू ही इस्टियरिंग पकड़कर बैठे थे। एक झटके में माईजी को पास बैठाकर पौं-पौं करते-करते चले गए।

[कहते हुए कनाई चला जा रहा था]

पति : ले पंखा झल (**कनाई लौटकर आके पंखा झलता है**) क्या पहन कर गई रे?

कनाई : चुन्नट वाली धोती और कुरता।

पति : माँ जी धोती कुरता पहन कर गई?

कनाई : अरे माँ जी क्यों पहनेंगी—डॉक्टर बाबू। माईजी ने तो जरी बाडर वाली ढाकाई साड़ी पहनी थी। इत्ते सारे गहने, गाल में लाल पान का बीड़ा दाबे। बाबूजी, माईजी तो जैसे दुर्गा मैया की मूरत लग रही थीं।

पति : **(लम्बी साँस लेकर)** पंखा झल, कितने बजे हैं?

कनाई : रात के नौ या आठ बजे होंगे?

पति : अभी तक लौट क्यों नहीं रही?

कनाई : मैं कैसे बताऊँ? मुझे लग रहा है दोनों मिलकर बाबू घाट में जाकर हवा खा रहे हैं।

पति : हवा, हवा, हवा खिलाता जा।

कनाई : और कितनी हवा खाओगे बाबूजी। मेरी कलाई के जोड़ ढीले हो गये [कनाई पंखा झलता है, पल्लाद नाई आता है।]

पल्लाद : आज हजामत कराएँगे बाबूजी?

कनाई : दाढ़ी? बाबूजी की नाड़ी रुक गई है। घर जा।

पल्लाद : क्या? क्या हुआ है भाई कनाई?

कनाई : अभी नहीं हुआ जल्दी ही होगा। दो-एक दिन के अन्दर ही घर में खून-खराबा हो जाएगा पल्लाद।

पति : फूट। **(पति अन्दर चला जाता है)**

पल्लाद : थोड़ा बैठकर जाऊँ भाई कनाई।

कनाई : हूँ, रस की गन्ध मिल गयी तुम्हें। रात को हजामत? हूँ। बहाने, जाओ, ऊपर जाओ।

पल्लाद : क्यों ऊपर क्या है?

कनाई : नीचे जो हो रहा है, ऊपर भी वही। पहली मंजिल बाबूघाट, दूसरी मंजिल बौकखाली। सताइस तारीख को दो जोड़े बौकखाली गए थे—उसी की नॉटंकी चल रही है, आज पन्द्रह दिन से। इस घर में खून-खराबा चल ही रहा है। तुम्हारा भी खून हो सकता है, पल्लाद। *[नेपथ्य से मोटर की आवाज]*।

कनाई : लो आ गए। बाबूजी! **(लाठी उठाकर पति अन्दर से दौड़कर आता है)**।

पति : नो एडमिशन, नो एन्ट्री। दिस इज माइ हाउस। आई विल नॉट अलाउ। **(पति बाहर के दरवाजे तक जाकर)** हिम्मत देखो, उमर साठ क्रॉस कर गई है, अब भी कॉलेज से भागने वाली छोकरियों की तरह दोपहर की मस्ती भरी आउटिंग हो रही है। गेट आउट....।
[पति का बड़ा बेटा मुन्ना और उसका बेटा ताताई सामान वगैरह लेकर पति की लाठी के सामने पड़ते हैं। ताताई की उम्र पन्द्रह सोलह की है]

कनाई : अरे बड़े मुन्ना बाबू, ताताई दूदू, ओ बाबूजी, देखो आकर कौन लोग आए हैं।

पति : **(अचकचाकर)** बड़े मुन्ने, बड़े मुन्ने!

बड़ा मुन्ना : मामला क्या है, घर में घुस रहा हूँ तो लाठी लेकर चढ़े आ रहे हो।

ताताई : ओ दादू, तुम हमें पीटोगे क्या?

पति : मेरा दिमाग ठिकाने नहीं है रे ताताई। आई हैव बिकम मैड।

बड़ा मुन्ना : खुद पागल हो गए हो और हमें भी पागल कर दिया है। आए दिन चिट्ठी टेलीग्राम–न्यू बंगाई गाँव से भागा-भागा आ रहा हूँ।

पति : मेरा सर्वनाश हो गया है रे बड़े मुन्ने। **(रो देता है)**

ताताई : अरे, क्या हुआ दद्दू? ओ कनाई दा **(कनाई भी सुबकने लगता है)**

बड़ा मुन्ना : अरे क्या हुआ है? बोलोगे भी! सब लोग मिलकर रोने क्यों लगे? ए पल्ला **(पल्लाद भी आँखें पोंछता है)**

ताताई : दादी माँ कहाँ है, दिखाई नहीं दे रही, ओ दादी माँ।

पति : तेरी दादी माँ नहीं है रे भाई।

बड़ा मुन्ना : ऐं ऽ ऽ कब?

कनाई : आज ढाई बजे।

बड़ा मुन्ना : क्या हुआ था?

पति : वह तो जित्तन डॉक्टर जानता है। ढाई बजे तुम्हारी माँ को लेकर बाबू घाट चला गया।

बड़ा मुन्ना : बाबू घाट क्यों? नीमतल्ला श्मशान घाट तो पास ही था।

कनाई : पास ही जाने के लिये तो निकले थे न–दूर ही जाएँगे–बाबूजी से बहुत दूर जाना था इसीलिये गए–आओ ताताई दादू अन्दर आओ–बताता हूँ।

(कनाई और पल्लाद बड़े मुन्ना का बैग पकड़कर अन्दर ले गए। ताताई भी गया)।

बड़ा मुन्ना : माँ को तो मैं फूटी आँखों नहीं सुहाता था। पिछली बार जब मकान बेचने की बात कही तो माँ ने कहा था मेरा मुँह नहीं देखेंगी। अपनी जिद रख ही ली माँ ने। घर कैसा खाली-खाली लग रहा है।

पति : खाली। सब कुछ खाली है, मेरी ज़िन्दगी ही खाली हो गई। तू बेटा है, इससे ज्यादा तुमसे कहा भी नहीं जा सकता।

बड़ा मुन्ना : बाबा, अब तो मकान बेच सकते हैं।

पति : अरे। पुश्तैनी मकान बेचोगे क्यों?

बड़ा मुन्ना : अब और माया मोह में क्यों पड़े हो बाबा? इतने दिन मकान नहीं बेचा माँ की वजह से–माँ बेचने ही नहीं देती थी। माँ ही जब चली गई तब कलकत्ते की गिस्ती रखकर क्या फायदा?

पति : तेरी माँ को लौटाकर नहीं लाया जा सकता बड़े मुन्ना?

बड़ा मुन्ना : बाबा, तुम सचमुच ही पागल हो गए हो। अभी तक यह नहीं समझ पा रहे हो कि जो चला जाता है, उसे लौटाया नहीं जा सकता।

पति : तू भी यही कह रहा है कि वह नहीं लौटेगी? ऐन्ड तुझे भी ऐसा लग रहा है?

बड़ा मुन्ना : ओफ् ओ, बाबा दुःख मत करो, मैं खरीददार ढूंढ़ता हूँ। सब काम एक साथ निपटाकर जाऊँगा और देर मत करो बाबा जो करना है, इस शोक के समय ही करना है। इसके बाद अगर मेरा छोटा भैया आ पहुँचा तो मेरे हिस्से एक धेला भी नहीं आएगा। तुम्हारी बहू की इच्छा है कि मकान बेचकर जो पैसे मिलेंगे, उसी से शर्मीला की शादी हो। शादी तय भी हो गयी है। अब क्रिया-व्रिया खत्म करके--

(ताताई हँसता हुआ प्रवेश करता है)।

हँस क्यों रहा है। शोक के समय हँसते नहीं बेटा।

ताताई : शोक। दादी माँ तो जित्तन दादू के साथ घूमने गई है। इसीलिये तो दादू रो रहे हैं।

बड़ा मुन्ना : ऐं घूमने गई हैं?

पति : अकसर ही जाती हैं। बहुत दिनों से ही मुझसे लुक-छिपकर यह सब चल रहा है। मामला तेरी समझ में आ रहा है बड़े मुन्ने।

बड़ा मुन्ना : कुछ समझ में नहीं आ रहा। धत्तेरे की। माँ मरी नहीं?

ताताई : **(हँस उठता है)** ओह दादी माँ के लौटने पर जो तमाशा होगा न? **(बाहर जाता है)**

बड़ा मुन्ना : मरने दो। शर्मीला की शादी में कुछ रुपया-पैसा खर्च कर सकोगे?

पति : **(उदास आवाज में)** शादी! शादी कोई न करे। देख अगर मैं तेरी माँ से शादी न करता तो तुम लोग आज कितनी शान्ति से रहते।

बड़ा मुन्ना : धत्तेरे की।

बकुल : मौसा जी देखिए न, मारने को आ रहा है।

[श्यामल दरवाज़े पर आकर खड़ा होता है। बहुत गुस्से में है]।

श्यामल : चलो, ऊपर चलो।

बकुल : मैं नहीं जाऊँगी।

श्यामल : चलो, मैं कहता हूँ।

पति : क्या हुआ है बेटा श्यामल?

श्यामल : कुछ नहीं हुआ। आप लोग इसे इस घर से निकाल दीजिए।

बकुल : गुस्सा मत दिखाओ। मैं क्या कोई गाय-बकरी हूँ कि घर से निकाल

दोगे? देख रहे हैं आप लोग? आपके घर में घुसकर कैसी गुंडागर्दी मचा रहे हैं?

श्यामल : मैं गुंडागर्दी मचा रहा हूँ? **(बकुल की ओर झपटता है)** कनाई और पल्लाद बाहर जाते हैं?

बड़ा मुन्ना : **(श्यामल को रोकता है)** श्यामल बाबू।

श्यामल : इसे कह दीजिए कि आज ही मेरे घर से निकल जाए।

बकुल : तुम्हारा घर। घर मेरे नाम पर किराए पर लिया गया है। मौसाजी, आप किराए की रसीद मेरे नाम पर नहीं देते? मैं क्यों घर छोड़ू–छोड़ना हो यह ही छोड़ेगा।

श्यामल : बिगड़ी औरत है। रहने मत दीजिए यहाँ। आपके घर की बदनामी होगी। आपको पता है, दफ्तर के एक छोकरे को साथ लेकर बौकखाली गई थी मस्ती करने।

बकुल : हाँ गई थी। और तुम नहीं गए थे? वर्धमान अस्पताल जाने का बहाना बनाकर एक वैंप गर्ल के साथ वहाँ क्या कर रहे थे?

पति : ओफ्! घर-घर में अशांति है भैया, घर-घर में अशान्ति!

बड़ा मुन्ना : बाबा, तुम अन्दर जाओ। सुनिए साहब! भले घर के लोगों के यहाँ आप स्कैंडल मत कीजिए। अपने घर जाइए **(पति अन्दर जाता है)** एक रिक्वेस्ट है–जल्दी से जल्दी ये मकान खाली कर दीजिए। यह मकान हम बेच देंगे।

श्यामल : बेचिए ज़रूर। इससे उसे क्या फर्क पड़ने वाला है। वह तो पैंया पैंया अरूप रतन के घर में जा घुसेगी।

बकुल : वैसा अगर करना भी पड़े मुझे, तो अरूप मुझे धकेल कर बाहर नहीं निकाल देगा। उसी की कृपा से अभी तक नौकरी किए जा रही हूँ। मेरी ज़िन्दगी में अरूप की जो देन है, वह इसकी नहीं है।

श्यामल : व्हॉट? क्या कहा?

(श्यामल आगे झपटता है। सब लोग मिलकर उसे पकड़ते हैं। श्यामल खुद को संभाल कर चला जाता है)।

बकुल : क्या करोगे? किस चीज का डर है? मारोगे? आओ मारो। मेरा सब कुछ तो खत्म कर डाला तुमने।

(बड़े मुन्ने को) मकान की बात कर रहे थे आप।

एक नहीं दो-दो ऐसे मकान हैं मेरे पिताजी के। पिताजी की मर्जी के ख़िलाफ इससे शादी करके मैंने सब कुछ खो दिया–इसके लिये मैंने सब खो दिया।

[बकुल रो पड़ती है, उसका सिर घूम जाता है, वह बैठ जाती है]।

कनाई : भाभी जी, भाभी जी, क्या हुआ? तबियत खराब लग रही है क्या?

बकुल : नहीं-नहीं।

बड़ा मुन्ना : अभी इन्हें छोड़ना नहीं कनाई दा। बैठाए रखना। **(वह अन्दर जाता है)**।

कनाई : माँ जी ने मुझे सब कुछ बताया है। इस हालत में तुम्हें इतनी परेशानी बरदाश्त कैसे होगी? अरे रे फिर क्यों उठ पड़ीं, अभी ऊपर मत जाना, ठहरो, मैं सहारा देता हूँ।

बकुल : मैं अकेले ही जा सकूँगी कनाई दा, अकेले ही जा सकूँगी। **(बकुल लड़खड़ाती हुई चली जाती है)**।

कनाई : भाभी जी, गिर जाओगी। ठहरो।

(प्रकाश बुझता है)

दृश्य : दो

[श्यामल बकुल का कमरा। पहले दृश्य के आगे। नीचे के कमरे से बकुल लौट रही है। उसे मितली आ रही है। बकुल ने देखा, इसी बीच श्यामल लौट आया है और एक कोने में बैठकर शराब पी रहा है। बकुल काँपती लड़खड़ाती बाथरूम में घुसती है और बाथरूम से उल्टी की आवाज]

बकुल : **(बाथरूम में कराहती हुई)** हाय माँ-माँ रे, मर गई।

श्यामल : **(चिल्लाकर)** यस् मरो। तुम्हारी जैसी लड़की को जीने का कोई हक नहीं। सीन क्रीएट किया जा रहा है। बदमाशी करके अब नाटक किया जा रहा है। थिएटर। **(गट-गट शराब पीता है)**।

[बाथरूम से बकुल की कराहट आती है। बाहर के दरवाजे पर कनाई आकर खड़ा होता है]।

कनाई : जल्दी से डॉक्टर बुलाइए भैया, भाभी जी की तबियत बहुत खराब हो रही है।

श्यामल : अभिनय। एक्टिंग है, यह सब कनाई। **(ऊँचे स्वर में)** इस तरह सिम्पैथी ड्रॉ नहीं की जा सकती।

कनाई : भैया, पेट का बच्चा अगर गिर जाए?

श्यामल : बच्चा? किसका?

कनाई : भाभी जी का।

श्यामल : क्या?

कनाई : हाँ।

श्यामल : मतलब?

कनाई : मेरी माँ जी को सब पता है। भाभीजी ने अपनी सिर की कसम देकर आपको बताने के लिये मना किया।

श्यामल : **(गम्भीर स्वर में)** तुम अब जाओ।

कनाई : लेकिन भाभी जी।

श्यामल : मैं हूँ यहाँ। मैं देख रहा हूँ—जाओ।

[कनाई डर-डर कर चला जाता है। श्यामल उठकर दरवाजा बन्द कर लेता है। गिलास से घूँट भरता है। बकुल बाथरूम से निकलती है तौलिये से मुँह पोंछती है।]

श्यामल : यह बात सच है?

बकुल : सच है।

श्यामल : बच्चा होगा?

बकुल : होगा।

श्यामल : इतना आगे? इतना आगे बढ़ गई हो।

(बकुल चुपचाप चादर अपने ऊपर खींच लेती है)

सो? दिस इज द स्टोरी। श्यामल सेन दिस इज योर फेट। तुम्हें बच्चे नहीं चाहिए। तुम हर तरह से सावधानी बरतते हो। और इधर तुम्हारी बीवी ने तुम्हारे लिये उपहार तैयार कर रखा है। तुम, तुम इतनी बड़ी मक्कार हो बकुल? **(बकुल ने स्विच ऑफ कर दिया)** नो गेट अप, गेट अप, उठो, बच्चा चाहिए न तुम्हें? तो मेरे घर में क्यों, जाओ इसके लिये एक बाप ढूँढ़ लो। गन्दी गलीज पाजी कहीं, जरूर टेबलेट नहीं खाया होगा। क्यों नहीं खाया? मेरी बात क्यों नहीं सुनी? **(चादर खींचता है)** निकलो यहाँ से।

बकुल : **(छिंटक कर उठ बैठती है)** हाँ, औरतों की यही तो मुसीबत है। हम लोग कुछ छिपाकर नहीं रख सकते। तुम मर्द लोग तो दूध के धुले हो। कोई मैल नहीं है तुममें क्यों, क्यों तुम्हारा आर्डर मानना होगा? मैं तुम्हारी बाँदी हूँ? **(बकुल बाहर दरवाजे की ओर बढ़ती है)**।

श्यामल : **(शेर की तरह झपटता है)** कहाँ जा रही हो?

बकुल : हट जाओ, मुझे मत छुओ।

श्यामल : घिन आ रही है हाथ लगाने में। फिर भी हाथ लगना ही पड़ेगा। गला

दबाकर तुम्हें और तुम्हारी कोख के उस पाप को खत्म कर दूँगा। [बकुल को धकेल कर बिस्तार पर गिरा देता है]।

श्यामल : आई विल किल यू, डिसओबिडियंट। मेरे कैरियर से बच्चा ज्यादा इंपोर्टेन्ट हो गया तुम्हारे लिये? तुम्हें मार डालूँ तो कोई पाप नहीं लगेगा मुझे।

बकुल : मेरे पाप को तुम खत्म नहीं कर सकोगे, मैं ही कर सकूँगी। *[बकुल बिस्तर की चादर को रस्से की तरह लपेटती हुई बाथरूम में घुस कर धड़ाम् से दरवाजा बंद कर देती है]*।

श्यामल : (नशे में पागल) फाँसी लगाओगी? डू दैट। गीदड़भभकी सुनना नहीं चाहता। जाओ लटक जाओ। क्या सोचा है फाँसी से लटककर मुझे लटका दोगी। नॉट दैट ईजी। आइ एम वेरी श्योर। यू आर कैरींग अचाइल्ड ऑफ अरूप रतन। साबित करने में कोई मुश्किल नहीं होगी। यस शर्मिंदगी से बचने के लिये तुम्हारे पास मरने के अलावा और दूसरा कोई रास्ता नहीं है। मरो। चहबच्चे पर खड़ी हो जाओ। उस सिसटर्न के साथ चादर बाँधो—पक्का बांधना—हाँ, कहीं अधमरी ही नीचे न गिर पड़ना—बाँध लिया? अब लटको, लटक पड़ो। *[बाथरूम में बाल्टी गिरने की आवाज]*।

श्यामल : बकुल, ए बकुल।
[बाहर दरवाज़े पर बैल बज रहा है। श्यामल डर-डर कर दरवाजा खोल देता है। अरूप खड़ा है। श्यामल को देखते ही अरूप जल्दी से चला जा रहा था। श्यामल उसका हाथ पकड़कर खींचता है।)

श्यामल : आइए-आइए आपका ही इन्तजार कर रहा था।

अरूप : नहीं, माने, आप यहाँ हैं, यह जानता तो न आता।

श्यामल : हूँ, मेरे न रहने पर ही तो आप लोगों का आना-जाना चलता है।

अरूप : आपके मन की हालत कैसी है? शान्त है न?

श्यामल : हाँ हाँ, शान्त-प्रशान्त।

अरूप : वाह, तब तो आप सब मामला समझ ही गए होंगे, बकुल दी?

श्यामल : शांत, प्रशांत।

अरूप : **(खिसियाकर)** नहीं, मतलब कई दिनों से ऑफिस नहीं आ रही हैं तो सोचा कि देखता जाऊँ **(शराब की बोतल और व्हिस्की देखकर)** व्हिस्की ।

श्यामल : वैट सिक्सटी नाइन।

अरूप : फाइन, बिल्कुल-बार सजाकर बैठे हैं, देख रहा हूँ।

श्यामल : हूँ, मन बहुत खुश है न। **(गिलास आगे बढ़ाकर)** लीजिए, अरूप

रतन जी।

अरूप : नहीं, नहीं, यह सब मेरा चलता नहीं। ज़रा सी पीऊँ तो नशा चढ़ जाता है।

श्यामल : तो होने दीजिए न, खूब नशा चढ़ने दीजिए, आज रात को खूब नशा चढ़ने दीजिए।

अरूप : ऐं ऽ ऽ।

श्यामल : आप हैं मेरे साले—बकुल को दीदी कहते हैं। आज जीजा साले को खूब नशा चढ़ जाने दीजिए।

अरूप : **(एक घूँट पीकर)** अरे स्साला। छाती जल गई। क्या माल पीते हैं दादा?

श्यामल : (हँसता है) पहले घूँट से सीना जले
दूसरे घूँट से कान में ताले
तीसरे घूँट से धोती खुले
चौथे घूँट से भाग रे साले

अरूप : अच्छा दादा, आप हमारे दफ्तर क्यों गए थे? आपने क्या किया, बताइए तो? बैरा से लेकर बॉस तक सब खुसुर-पुसुर कर रहे हैं। आप बताइए अब मैं ही वहाँ कैसे काम करूँ और बकुलदी भी क्या करेगी?

श्यामल : तुम्हारी बकुल दी की भी तुम्हारे साथ इतनी दोस्ती और इनका मेल-मिलाप क्यों है?

अरूप : उससे क्या हुआ? अच्छा जीजाजी, आप क्या यही चाहते हैं कि लड़कियाँ आधुनिक हों, महीना खत्म होने पर घर में नावाँ ले आएँ पतियों की जेब में ठूँस दें और शाम को माँग में सिन्दूर मार्का पत्नी बनकर पति के पुण्य से सती का पुण्य रटती रहें। चित भी मेरी पट भी मेरी—यह नहीं चलता जीजाजी। थम्सअप होगा? यह रॉ गले से नहीं उतर रहा।

श्यामल : पिओ पिओ रॉ ही पीनी पड़ेगी। **(गिलास में शराब डालता है)**

अरुप : **(नशा चढ़ रहा है)** यह क्या रे। तुम मुझे धुत्त करना चाहते हो क्या? ओफ सर चकरा रहा है **(ऊँची आवाज़ में)** ए बकुल दी, देखो न तुम्हारे पति क्या कर रहे हैं। ओ बकुलदी, कहाँ हो तुम?

श्यामल : बकुल दी लटक रही है।

अरूप : कहाँ लटक रही हो बकुल दी? **(चौंककर)** ऐं लटक रही के माने?

श्यामल : बाथरूम में गले में रस्सी डाले लटक रही है।

अरूप : अरे! **(बाथरूम के दरवाजा धकेलता है)** बकुल दी, बकुल दी

(श्यामल को) तुमने उसे मारकर लटका दिया है। तुम्हें—तुम्हें पुलिस के हवाले करूँगा—शैतान।

[अरूप लड़खड़ाता हुआ श्यामल को जोर से दबोचता है, अरूप का कॉलर पकड़कर झकझोरता है श्यामल]।

श्यामल : किसने मर्डर किया मैंने या तुमने?

[श्यामल अरूप को धक्का मारकर गिरा देता है फिर बाहर जाकर झट से दरवाज़ा बन्द कर देता है। फिर खिड़की से अरूप को कहता है]।

श्यामल : तुम इतनी रात को मेरे फ्लैट में क्यों आए हो? बाथरूम में बकुल लटक रही है। उसकी कोख में तुम्हारा बच्चा है।

अरूप : **(पागलों की तरह)** ए मिस्टर, यह सब क्या बकवास कर रहे हैं?

श्यामल : अब तो समझ में आ गया किसने किसको मारा? मैं पुलिस को बुला रहा हूँ।

[श्यामल हिंसक हँसी हँसता हुआ खिड़की से हट जाता है]।

अरुप : अरे ए मिस्टर कहाँ जा रहे हैं? दरवाजा खोल दीजिए प्लीज़, मेरी बात सुनिए दादा, प्लीज श्यामल दा मैंने कुछ नहीं किया— क्यों आप मुझे मुसीबत में डाल रहे हैं। यह क्या? चारों तरफ सब बन्द है। अब मैं क्या करूँ। हे भगवान, क्यों मैं इन लोगों की खैर-खबर पूछने आया? ओ दादा, श्यामल दा—मेरे सिर पर खून करने का जुर्म। **(पागलों की तरह कमरे में भाग दौड़कर रहा है)** अब मैं पुलिस से क्या कहूँगा—मेरी नौकरी जाएगी, जेल जाना पड़ेगा, फाँसी होगी मुझे।

मेरी माँ—माँ से क्या कहूँगा? कौन मेरा विश्वास करेगा?

[बाथरूप का दरवाज़ा आधा खोले खड़ी है बकुल]

बकुल : कोई किसी की बात का विश्वास नहीं करता अरूप।

अरूप : बकुल दी!

बकुल : मैं अगर श्यामल से कहती श्यामल मैं मरी हुई नहीं हूँ—मैंने कोई कसूर नहीं किया—मेरे पास जो आ रहा है उसने भी कोई पाप नहीं किया तो क्या वह विश्वास कर लेता? मुझे गृहस्थी चाहिए, सुख चाहिए, ज्यादा और ज्यादा रुपये कमाने वाली मशीनी ज़िन्दगी नहीं चाहिए मुझे—देखो, यह देखो, हर रात श्यामल ने जो गोलियाँ मुझे खाने को दीं—मैंने एक भी नहीं खाई—सब-सब इस गुड्डे के पेट में जमा हैं—देखो-देखो।

[बकुल हँसती रोती हुई गुड्डे को झकझोरती रहती है]

श्यामल को मैं माफ़ नहीं करूँगी—कभी नहीं—*[बकुल और अरूप दोनों ने यह नहीं देखा कि खिड़की पर खड़ा श्यामल सब बातें सुन रहा है।]*

(प्रकाश मन्द होता है)

दृश्य : तीन

[उसी दिन। रात को दस बज रहे हैं। पति-पत्नी का कमरा। कालीघाट से घूमकर लौट रहे हैं पत्नी और जित्तन डॉक्टर। पत्नी दबे पाँव बड़ी चौकन्नी होकर अन्दर आती है जैसे कोई जवान लड़की गार्जियन के डर से डरी हुई। पीछे-पीछे आया जित्तन। जित्तन ने माड़ लगी लहराती धोती और रेशमी कुरता पहना है। पत्नी के हाथ में प्रसाद की टोकरी। दोनों के माथे पर लाल सिन्दूर का टीका लगा है। पत्नी का डरा हुआ रूप देखकर जित्तन खूब मजे ले रहा है और कुछ गुनगुना रहा है] ।

पत्नी : बन्द भी कीजिए अब गुनगुनाना। कहाँ गए सब के सब? कनाई भी नहीं दिख रहा है।
[जित्तन ऐसा भाव दिखाता है जैसे वह भी डर गया है]
रास्ते में पल्लाद ने कहा बड़ा मुन्ना और ताताई भी आया हुआ है। मैंने तो सोचा था आपका दोस्त बड़े मुन्ने को देख सारा घर सर पर उठा लेगा, ए देवरजी—सब ऐसे चुपचाप क्यों हैं?

जित्तन : तूफान के पहले के लक्षण।

पत्नी : मतलब?

जित्तन : लगता है—बाप बेटे ने मिलकर तुम्हारी पिटाई करने की ठान ली है। मैं फूटता हूँ बाबा।

पत्नी : ए महाशय, भाग कैसे रहे हैं? ओ ऽ अपने आप घुमाने ले गए थे अब पीठ दिखा रहे हैं? बैठिए। **(जित्तन का हाथ पकड़कर बैठाती है)** पिटना ही है तो दोनों पिटेंगे—मुझे अकेली छोड़कर आप भाग नहीं सकते। माँ, मैया री आज मेरी किस्मत में क्या लिखा है।

जित्तन : तुम्हारे लिये ही इतनी देर हो गई। रात के दस बजा दिए।

पत्नी : दस बजे गए? **(जित्तन सिर हिलाता है)** तो क्या करती कालीघाट गई थी छोटे मुन्ने के लिये मन्नत मानने। माता का प्रसाद लिये बिना कैसे लौट आती? हमलोग हवाखोरी करने तो नहीं निकले थे न?

जित्तन : अब मुझसे यह सब कहकर क्या होगा। तुम्हारे पति देव ने जो-जो सोचना था, सोच लिया होगा।

पत्नी : क्या? क्या सोच लिया।

जित्तन : सोचा है कि बीवी इलोप हो गई।

पत्नी : **(मुस्कुराकर)** अजीब शक्की आदमी है। शादी के दूसरे दिन से ही मुझ पर शक करता आ रहा है—इस बुढ़ापे में तो जैसे और भी बढ़ गया है शक्कीपन।

जित्तन : क्यों न करे। जितनी उमर बढ़ रही है, तुम्हारा ग्लैमर भी तो उतना ही बढ़ रहा है भाभी। मुझे ही बीच-बीच में जाने क्या होने लगता है।

पत्नी : अहा-हा बहुत बढ़-बढ़ के बोल रहे हैं। अच्छा शक करने लायक कोई काम क्या हमलोगों ने किया है? बोलिये, आप ही बोलिये।

जित्तन : नहीं किया?

पत्नी : यह लीजिए आप को छूकर कह रही हूँ किसी दिन भी मन के किसी कोने में आपको जगह नहीं दी है। लेकिन हाँ उसे चिढ़ाने के लिये बीच-बीच में शरारत जरूर की है।

जित्तन : अब भी करती हो?

पत्नी : **(हँसकर)** हूँ ऽ ऽ ऽ

जित्तन : मुझे लपेट कर करती हो।

पत्नी : आपको लपेटूँ तभी तो चिढ़ जाता है। क्यों, आप क्या माइंड करते हैं? देखिए सँभल कर।

जित्तन : सोचता हूँ अब तुम लोगों के घर नहीं आऊँगा।

पत्नी : अरे! क्यों?

जित्तन : क्या जरूरत है मियाँ-बीवी के झगड़े की वजह बनकर और फिर तुम्हारे बेटे ज़ाने क्या सोचते होंगे?

पत्नी : क्या सोचते होंगे, अरे इतने गंभीर बनकर क्यों बोल रहे हैं? ए देवरजी, अच्छा नहीं होगा बताए देती हूँ। देवर जी, आपने जो कहा—सच है? आप यहाँ और नहीं आएँगे?

जित्तन : **(हँसकर)** नहीं जी, भाभी नहीं। तुम लोग मेरे दोस्त हो—इकलौते मित्र। तुम लोगों को छोड़कर और कौन है हमारा। तुम्हारे पास न आऊँ तो जिन्दा कैसे रहूँगा भाभी?

पत्नी : इस प्रसाद के फूल को छूकर कसम खाइए कि भूलकर भी कभी हमारा साथ नहीं छोड़ेंगे। अगर हम एक-दूसरे से अलग हो जाएँ तो हममें से कोई भी जिन्दा नहीं रहेगा। **(पत्नी कुछ फूल डॉक्टर की**

हथेली में भर देती है) प्रॉमिस कीजिए–भागिएगा नहीं

[अचानक गला खंखारने की आवाज सुनकर दोनों घूमकर देखते हैं कि दरवाज़े पर पति खड़ा है। पाजामा शर्ट और सिर पर टोपी पहने हैं। डॉक्टर का हाथ छोड़कर अबाउट टर्न लेकर पत्नी लंबी जीभ निकाल लेती है। सिर पर कपड़ा रख लेती है।]

पति : जितू, तू क्या नब्ज देख रहा था?

जित्तन : नब्ज क्यों देखूँगा?

पति : नहीं जिस तरह हाथ दबा रहा है, मैंने सोचा कि तू नब्ज देख रहा है।

पत्नी : कह दीजिए जित्तन बाबू–हाथ दबाकर मेरी नब्ज देखने की जरूरत नहीं पड़ती।

पति : वह तो समझ ही रहा हूँ दोपहर से आधी रात तक नब्ज टगबग-टगबग दौड़ती रहती है–तो फिर आउटिंग कैसी रही?

जित्तन : बहुत अच्छी।

पति : फिर कल का प्रोग्राम क्या तय किया?

पत्नी : कल कोई प्रोग्राम नहीं है।

पति : क्यों? बना प्रोग्राम। कल पाताल रेल में सैर करा ला।

पत्नी : कोई यह न समझे कि हम पाताल रेल की सैर नहीं कर सकते।

पति : मैं तो कह ही रहा हूँ कि घूम आओ। कल अपनी फियट गाड़ी ले आना।

जित्तन : गाड़ी का ब्रेक ठीक से लग नहीं रहा।

पति : अरे तेरा ब्रेक भी तो बहुत पहले ही फेल हो चुका है। मरम्मत करवा ले।

पत्नी : **(अचानक घूँघट उघाड़कर)** ए हमारे घूमने के बारे में तुम इतना उत्साह क्यों दिखा रहे हो जी?

पति : **(अजीब हँसी हँसकर)** घूमो-घूमो–जी भर कर घूम-फिर लो। और कितने दिन। ज्यादा से ज्यादा बीसेक दिन....उसके बाद तो....

जित्तन : उसके बाद क्या?

पति : यह मकान बिक जाएगा। कलकत्ते का दाना-पानी फिनिश। सीधे न्यूबंगाई गाँव में बड़े मुन्ना और मेरी बड़ी बहू के पास।

जित्तन : अरे लगता है तेरे सिर पर भूत सवार हो गया है।

पति : भूत सवार था। अब उस भूत को खदेडूँगा। दिस इज द ओनली वे टु सेव माई फेमली फ्रॉम योर डर्टी हैन्ड्स। बहुत लोगों के दोस्त होते हैं–उमर बढ़ती है तो दोस्ती खत्म भी हो जाती है। तुम साले वो लंगोट पहनने की उम्र से पीछे लगे हो। तो तुम जब किसी तरह से

भी हमारा पीछा नहीं छोड़ोगे तो हम ही तुम्हें छोड़कर चले जाते हैं। बड़े मुन्ने ने मेरी प्राब्लम सॉल्व कर दी है—बड़े मुन्ने—बड़े मुन्ने।
(बड़ा मुन्ना प्रवेश करता है।)
इन दोनों ने तुम्हें रेल डकैत कहा है बेटे।

जित्तन : घर में कदम रखते ही कान में मकान बेचने का मन्त्र पढ़ दिया बेटे?

बड़ा मुन्ना : मैंने किसी के कान में मन्तर वन्तर नहीं पढ़ा जितू चाचा। बाबा का मकान बाबा ही बेचेंगे तय किया है।

पत्नी : ठहरो, आज कितने साल हो गए तुमलोग यही कोशिश किए जा रहे हो कि कैसे मकान बेचकर सब कुछ हथिया लिया जाए।

बड़ा मुन्ना : मैं क्यों हथियाने लगा माँ। मैं क्या नालायक बेरोज़गार हूँ?

पत्नी : सात-सात बेटियाँ हैं जिसके घर, वह क्या लायक बनेगा? उन लड़कियों का रेवड़ पार लगाना टेढ़ी खीर है—चाहे राज्यपाल की ही नौकरी क्यों न हो? **(जित्तन को)** रुपये लेकर बड़ी बेटी की शादी करेगा।

बड़ा मुन्ना : इसमें क्या बुराई है। अपनी पोतियों का अच्छे लड़कों से रिश्ता करने के लिये अगर बाबा कुछ नावाँ दें तो तुम्हें तो खुश ही होना चाहिए। इसके अलावा मकान को रखे रहने में भी क्या फायदा है। आप ही बताइए जितू चाचा, हम पड़े हैं कहाँ अल्लाह मियाँ के पिछवाड़े—और ये दोनों बुजुर्ग यहाँ पड़े हैं। यहाँ इनको कब क्या हो जाए, इस फिक्र में मन लगाकर काम भी नहीं कर पाते।

पत्नी : आने दो छोटे मुन्ने को। कैसे मकान बेचते हो, मैं देखती हूँ।
(पत्नी चली जाती है)।

जित्तन : लेकिन तुम्हारे बाबा तो यहाँ ठीक-ठाक ही हैं, उन्हें यहाँ से हटा क्यों रहे हो?

बड़ा मुन्ना : नहीं, बिल्कुल ठीक-ठाक नहीं हैं। यह सब बातें मत कहिए जीतू चाचा। यहाँ के लोग बहुत बुरी हालत में हैं। बाबा का चेहरा सूखकर आधा रह गया है। इस हालत में बाबा को छोड़कर नहीं जाऊँगा जीतू चाचा, आप चाहे जो कहें।

पति : **(व्यंग्यभरी हँसी के साथ)** मेरा प्रेशर देखेगा जीतू?
(जित्तन चेहरा फेर लेता है) ।

बड़ा मुन्ना : तुम जाओ बाबा, रात हो गई है, सो जाओ?

पति : मैं सोने चला जीतू।**(जित्तन को सुनाकर बड़े मुन्ने को लाड़भरे स्वर में)** मेरे लिये नया पाजामा तो ले आया पर बड़ा ढीला-ढाला लग रहा है। इतना ढीला पाजामा कहीं पहना जाता है।
(पति अन्दर चला जाता है)।

बड़ा मुन्ना : हाँ, एक बात जीतू चाचा। बाबा कह रहे थे कि आप बाबा के इलाज के लिये कोई रुपया-पैसा नहीं लेते। यह बात मुझे कुछ जँच नहीं रही। हालाँकि बाबा के लिये आपने जो कुछ भी किया है, उसके लिये मैं ग्रेटफुल हूँ। फिर भी बेटा होने के नाते मेरा फर्ज बनता है कि बूढ़े माँ-बाप का कर्ज अदा कर दूँ। (**रुपए निकालकर**) आपको कितना देना है यह सब पूछना अच्छा नहीं लगता। आप तो कोई हिसाब-विसाब नहीं रखते न इसलिये सोचा आपको अभी कुछ रुपये (**नोटों की गड्डी आगे करता है**)।

जित्तन : रुपये? कहाँ? हाँ, दो, लाओ रुपये।

[पत्नी आती है। मेज पर रुपये रखकर माँ की ओर देखकर बड़ा मुन्ना अन्दर चला जाता है]।

जित्तन : (**आँसू भरी आवाज़ में**) तुम्हारे बेटे ने मुझे रुपये दिए भाभी–इलाज के पैसे चुका दिए। मैं डॉक्टर हूँ प्रोफेशनल मैन। तुम लोगों के साथ मेरा नाता भी प्रोफेशलन है। घर में भतीजी-भतीजों के साथ भी कमर्शियल नाता है। मैं एक ऐसा इन्सान हूँ भाभी, जिसका कोई नहीं है, जिसका इतना-सा भी हक नहीं कि किसी को अपना सके (**जित्तन खिड़की के पास चला जाता है**) चले जाओगे, फिर कभी नहीं लौटोगे? कौन कहाँ रहेगा क्या पता। (**बाहर देखकर**) उस हरसिंगार के पेड़ पर जब फूल खिलेंगे तब तुम लोगों की याद आएगी भाभी–तुम्हारी याद, साहब की याद।

पत्नी : (**रो पड़ती है**) मैं नहीं जाऊँगी, यह पुश्तैनी मकान छोड़कर कभी नहीं जाऊँगी। आप कोई बन्दोबस्त कीजिए देवरजी।

जित्तन : मैं? मैं क्या बन्दोबस्त करूँगा? तुम्हारे पति को कह-सुन सकता हूँ लेकिन बेटे से कुछ नहीं कह सकता।

[बाहर बकुल अस्त-व्यस्त-सी खड़ी है]।

बकुल : माशिमा।

पत्नी : बकुल। क्या हुआ रे? क्या चेहरा निकल आया है? श्यामल के साथ फिर झगड़ा हुआ है? क्या हो गया तुम दोनों को। कितने दिन हो गए झगड़े-तनाव को? ऐसा क्या हो गया? बुला तो श्यामल को, उससे ही पूछती हूँ....

बकुल : श्यामल चला गया है माशिमा।

पत्नी : चला गया? कहाँ?

बकुल : पता नहीं–अब लौटकर नहीं आएगा। मैं आने नहीं दूँगी उसको।

जित्तन : मतलब?

बकुल : मैंने उसे निकाल दिया है, डॉक्टर बाबू...

पत्नी : बकुल।

बकुल : उसने झगड़ा खत्म करने की बहुत कोशिश की थी। बार-बार दरवाजा धकेलता रहा लेकिन मैंने खोला ही नहीं।

पत्नी : यह तूने क्या किया रे?

बकुल : श्यामल ने मेरे साथ जो किया है उसके लिये मैं उसे कभी माफ नहीं करूँगी माशिमा। उसके लिये मैंने माँ-बाप, नाते-रिश्तेदार सबको छोड़ा है। पिताजी की जायदाद की ओर मुड़कर भी नहीं देखा। वह मुझे धोखा क्यों देगा?

जित्तन : मैं देखता हूँ, श्यामल कहाँ गया है?

बकुल : नहीं, नहीं, डॉक्टर बाबू। आप सिर्फ इतना कहिए माशिमा आप लोगों का यह मकान क्या सचमुच बिक रहा है? **(पत्नी चेहरा फेर लेती है)** मैं तो बड़ी मुसीबत में पड़ जाऊँगी। अकेली होती तो, कोई फिक्र नहीं थी लेकिन मैं तो अब अकेली नहीं हूँ माशिमा। हाँ, इतना पक्का है कि माँ बाबूजी के पास मैं नहीं जाऊँजी—जा नहीं पाऊँगी। पर इस हालत में मैं अब कहाँ जाऊँगी, क्या करूँगी—कुछ सोच नहीं पा रही— *[पत्नी बकुल को अपने सीने से लगाकर उसके सिर पर स्नेह से हाथ फेरती है। बकुल सुबक सुबक कर रो रही है। जित्तन चुपचाप खड़ा है]* ।

(प्रकाश मन्द होता है)

चौथा दृश्य

[वही कमरा। छोटा मुन्ना दिखाई देगा। साहबी ठाटबाट। बहुत सिगरेट पीता है। उत्तेजित-सा होकर चहल-कदमी कर रहा है। पास ही उदास चेहरा लिये कनाई खड़ा है] ।

छोटा मुन्ना : मकान बिक गया?

कनाई : पिछले हफ्ते ही बिक गया था। शुकलाल सेठ दोनों हाथ उठाए नाच रहा है।

छोटा मुन्ना : तुम लोग क्या कर रहे थे? माँ क्या कर रही थी? कोई रोक नहीं सका?

कनाई : मैं क्या करता। माँजी ने कितना रोना-धोना मचाया। बिना खाए पिए पूजा घर में पड़ी रहीं। बड़े भैया बाबूजी को बगल में दाबकर

रजिस्ट्री के दफ्तर में चले गए। लेकिन हाँ लिखत-पढ़त के बाद बाबूजी आँखे पोंछने लगे छोटे भैया।

छोटा मुन्ना : **(जोर से पुकारता है)** भैया। भैया। यह सब उसी बड़ी भाभी का काम है। वहीं बैठे-बैठे कलपुर्जे चला रही है। भैया उसे एक भेड़ जो मिल गया है **(बड़ा मुन्ना आता है)**।

बड़ा मुन्ना : क्यों रे छोटे, बेहद सिरदर्द है। क्या बोलना है, बोल।

छोटा मुन्ना : यह सब चालाकियाँ छोड़ दो भैया। जब से घर में पैर रखा है, तभी से तुम्हारे सिरदर्द का रोना सुन रहा हूँ। असल बात तो यह है कि मेरा सामना करने से डर रहे हो। चोरी से शुकलाल सेठ के हाथों मकान बेचकर

बड़ा मुन्ना : जो किया बाबा ने किया, मुझे कुछ नहीं मालूम।

छोटा मुन्ना : नहीं मालूम? बाबा को कौन पट्टी पढ़ा रहा है? बूढ़े-बूढ़ी में झगड़ा, मनमुटाव यह सब तो चलता ही रहता है। लेकिन तुम लोग ऐसे हो कि यह सब न मिटाकर उसका फायदा उठा रहे हो—तुम और भाभीजी—इतने छोटे, इतने नीच हो तुम लोग?

[कनाई गर्दन हिलाकर उसका समर्थन करता है]।

बड़ा मुन्ना : जो कहना है मुझे कहो, भाभी को इसमें न खींचो। वह बेचारी भली मानस....

छोटा मुन्ना : उँह, भलीमानस। रोटी तोड़कर खाना भी नहीं आता उन्हें। इससे पहले बाबा के लाईफ इंश्योरेंस के नीट बीस हजार रुपये इसी तरह हज़म कर लिये थे। इस बार मकान बेचने के डेढ़ लाख रुपये लेकर रफूचक्कर होने की फिक्र में हो। वह तो कहो कि मैं आ टपका....

बड़ा मुन्ना : आ टपका तो भी तू कुछ नहीं कर पाएगा। रुपये मेरे हाथ में आ गए हैं। पाई पैसा भी नहीं छोडूँगा।

छोटा मुन्ना : यह तुम इतना खुल्लमखुल्ला कह रहे हो? अनपढ़ गँवार बीवी के पल्ले पड़कर तुम इतने पैसे के लालची हो गए हो?

बड़ा मुन्ना : तेरी जो मर्जी हो बोलता जा, टुच्चा, कमीना, लालची—लेकिन मैं रूपये नहीं छोड़ूगा। तुझे जो करना है, कर ले।

छोटा मुन्ना : देखेगा? देखेगा तू, मैं क्या कर सकता हूँ? मैं भी देखता हूँ यह रुपये लेकर तुम कैसे कलकत्ते से जाते हो **(अचानक ताताई एक ब्रीफकेस लेकर घुसता है)**।

ताताई : लो, छोटे चाचा।

बड़ा मुन्ना : तुझे यह ब्रीफकेस लाने के लिये किसने कहा?

छोटा मुन्ना : यह सब क्या है?

ताताई : मकान बेचकर जो पैसे मिले हैं, वह पूरे डेढ़ लाख हैं।

बड़ा मुन्ना : ताताई! दे, ब्रीफकेस छोड़ ।

[बड़ा मुन्ना ताताई से ब्रीफकेस छीनना चाहता है]।

ताताई : बाबा, छोटे चाचा तुम्हें इतना सब कह रहे हैं फिर भी तुम यह रुपये लोगे? दादी माँ रो रही हैं, दादाजी रो रहे हैं—इतने लोगों को रुलाकर मकान बेच दिया। इन रुपयों से क्या दीदी की अच्छी शादी होगी?

कनाई : यह तुमने क्या किया बड़े भैया?

ताताई : हमारा एक घर था। छुट्टी में हम आते थे, खुशियाँ मनाते थे। सबको बताते थे। हमारा एक पुश्तैनी मकान है। सब बेच दिया बाबा? **(ताताई चला जाता है)**।

बड़ा मुन्ना : **(छोटे को)** ले रुपये चाहिए थे तुझे—ये ले। मैंने तो तुझे धोखा देकर सब कुछ ले लिया। रुपये पैसे की खिचखिच में बिलकुल अच्छा नहीं लग रहा। लड़की की शादी न हो, न सही। मैं अभी चला जाऊँगा। रुपये ले ले और माँ—बाबा को भी ले जा।

छोटा मुन्ना : बाबा-माँ को लेकर मैं कहाँ जाऊँगा।

बड़ा मुन्ना : क्यों दिल्ली। तेरी बीवी कुत्ता पाल रही है और सास-ससुर को पाल नहीं सकेगी।

छोटा मुन्ना : अरे नहीं-नहीं, कनिका को अकेलापन अच्छा लगता है। अकेलापन न हो तो कविता कैसे लिखेगी? माँ-बाबा वहाँ रहेंगे तो हल्ला-गुल्ला होगा न।

बड़ा मुन्ना : ओह तो तेरी बीवी सिर्फ कुत्ते ही नहीं नचाती, कविता भी लिखती है।

छोटा मुन्ना : थोड़े ठंडे दिमाग से सोचो न भैया।

बड़ा मुन्ना : कैसा ठंडा दिमाग। जब चोर धोखेबाज़ बोल रहा था तब ठंडे दिमाग की बात याद नहीं आई। अब रुपयों का बैग पाकर दिमाग में ठंडी लहर चल रही है। बेटे के सामने भी मेरी कोई प्रेस्टीज न रही।

छोटा मुन्ना : ठीक है, मैं नहीं लूँगा। पूरे रुपये भी नहीं देने होंगे भैया । तुम हाफ ले लो और माँ-बाबा को ले जाओ।

बड़ा मुन्ना : अच्छा। रुपयों के वक्त हाफ-हाफ (फिफ्टी-फिफ्टी) और माँ-बाबा के वक्त पूरी जिम्मेदारी मेरी? तो माँ-बाबा का भी फिफ्टी-फिफ्टी हो जाए।

छोटा मुन्ना : मैं राज़ी हूँ। तुम एक को लो, एक को मैं।

बड़ा मुन्ना : मैं भी राज़ी हूँ। लेकिन मुझे माँ चाहिए।

छोटा मुन्ना : यह क्या कह रहे हो? माँ को तुम लोगे भैया?

[पति आकर दरवाज़े पर खड़ा होता है, कोई गौर नहीं करता]।

बड़ा मुन्ना : अरे उधर भरोसेमंद काम का आदमी नहीं मिलता। माँ मेरे साथ जाये तो तेरी भाभी का ज़रा हाथ बँटेगा—हाँ तुझे अगर कोई एतराज़ न हो तो....

छोटा मुन्ना : नहीं-नहीं एतराज़ काहे का। तुम खुद कह रहे हो एक मामूली-सी चीज (माँ) को तुम्हें नहीं दे पाऊँगा? बस यही कह रहा था कि भाभी के साथ माँ की खास पटती नहीं।

बड़ा मुन्ना : पटा लेगी। काम-काज में सहारा मिलेगा तो ज़रूर पटाकर रखेगी।

कनाई : **(अब तक मुँह खोले सुन रहा था, अचानक ज़ोर से रो उठता है)** मेरा क्या होगा? ओ छोटे भैया, ओ बड़े भैया। तुम लोगों ने तो माँ बाबा को दो हिस्सों में बाँट लिया। मैं किसके हिस्से में जाऊँगा। बाबूजी और माँजी के पास हूँ इत्ती-सी उमर से। आज मैं बूढ़ा हो गया हूँ। अब ये दोनों चले दो मुल्लक में—और कनाई किसी के हिस्से नईं। ओ बाबूजी, ओ माँजी।

[कनाई मांजी के लिये अन्दर जाता है। पति दरवाजे पर बहुत उत्तेजित और खिसियाया खड़ा है।]

पति : बड़े मुन्ना यह सब क्या सुन रहा हूँ? तुम्हारी माँ को और मुझे दो जगह रहना पड़ेगा। ऐन्ड यह क्यों?

बड़ा मुन्ना : इससे हमारे ऊपर ज़्यादा बोझ नहीं पड़ेगा। यह नहीं समझ रहे हो?

पति : समझ रहा हूँ। लेकिन मुझे छोटे के साथ दिल्ली क्यों भेज रहे हो? वह तो हमेशा अपनी माँ की तरफ होता है। बड़े मुन्ना तुम तो मेरी तरफ थे—तब फिर हिस्सा बाँट ऐसा उलट-पुलट कैसे हो गया?

बड़ा मुन्ना : अरे बेटे तो हम दोनों ही हैं। नहीं? **(छोटे को)** देख रहा है तमाशा?

पति : लेकिन उसके साथ तो मेरा खास कोई स्पीकिंग टर्म्स भी नहीं है? इसके अलावा उसने अपनी पसन्द से शादी की है। बहू को मैंने आज तक आँखों से देखा तक नहीं। नहीं-नहीं, मैं उसके साथ जाकर नहीं रह सकूँगा।

छोटा मुन्ना : कौन कहाँ रहेगा, यह हम लोग ठीक करेंगे।

[बड़ा छोटे को इशारा करता है और रुपयो का बैग उठाकर छोटा अन्दर चला जाता है]।

पति : **(दुःख और निराशा से)** हाँ, मकान बेचने से मिले सब पैसे हथिया

कर, अब मैं कहाँ रहूँगा वह तुम लोगों की मर्जी से तय होगा।

बड़ा : तब जो मर्जी करो, हम लोगों को कुछ नहीं पता।

पति : बड़ा मुन्ना।

[बड़ा अन्दर चला जाता है। पति गुस्से से चुप होकर बैठा है। छोटे के पीछे-पीछे पत्नी अन्दर आती है।]

पत्नी : तू मुझे अपने हिस्से में ले ले छोटे मुन्ने, तू मुझे अपने पास रख।

छोटा : अब तो भैया ने तुम्हें ले लिया माँ, अब तुम भैया की हो।

पत्नी : मैं तुझे यही बंदोबस्त करने के लिये बुलाकर लाई थी?

छोटा : क्यों? बुरा क्या किया? बड़े बेटे, बड़ी बहू के पास रहोगी। इसमें क्या गड़बड़ है?

पत्नी : अरे तू समझ नहीं रहा। बड़ी बहू मुझे अपने पास क्यों ले जाना चाहती है? पता है? मुझे अकेली पाकर बदला निकालेगी। मुझे खटमल की तरह मसलकर मारेगी।

छोटा : वे लोग तुम्हें फूटी आँखों नहीं सुहाते। इसी से ऐसी उल्टी-सीधी बात कह रही हो। एक बात मुझे बिल्कुल समझ में नहीं आती कि तुम सिर्फ मुझे ही क्यों प्यार करोगी? उन लोगों को थोड़ा प्यार नहीं कर सकती हो? आश्चर्य है। **(छोटा दरवाजे की ओर बढ़ता है)**।

पत्नी : छोटे मुन्ने। छोटे मुन्ने।

[पत्नी दरवाजे तक दौड़कर जाती है। छोटा बाहर चला जाता है]।

पति : मैंने तुम्हारा सर्वनाश कर दिया। मेरी वजह से ही तुम्हें बेटों से भीख माँगनी पड़ रही है, भीख।

[मकान का वर्तमान मालिक शुकलाल का प्रवेश]।

शुकलाल : नमस्ते बाबूजी।

पति : आइए, आइए शुकलाल जी।

शुकलाल : आने दे ही कहाँ रहे हैं आप लोग? मकान खरीदे हफ्ता हो गया, अभी तक परमानेन्टली आ नहीं सका। बताइए तो मकान वेकेट कब कर रहे हैं?

पति : शुकलाल जी, मैं अभी तक डिसाइड नहीं कर पाया। मतलब हम दोनों बूढ़ा-बूढ़ी घर छोड़कर कौन किसके पास जाकर रहेगा। आखरी उम्र पता नहीं किसके पास कटेगी?

शुकलाल : अरे साहब, यह तो बड़ी अजीब बात है। आप लोग कहाँ किस मुलक में ज़िन्दगी बिताएँगे यह डिसाइड करूँगा मैं? हमने तो बस मकान खरीदा है—आप वेकेट कर दीजिए, बस।

[पत्नी मुँह पर आँचल दबाए अन्दर चली जाती है।]

पति : शुकलाल जी, सिर्फ एक कमरा मेरे लिये खाली रखना। आखिरी नींद अपनी जगह पर लेने देंगे? उसके बाद अपना घर आप वापस ले लीजिएगा।

शुकलाल : ये सब बातें छोड़िए महाशय। जो नहीं हो सकता, उसके बारे में बात करके कोई फ़ायदा है? यहाँ मैं मल्टी स्टोरी बिल्डिंग बनाऊँगा। **(कनाई आता है)**। एक-एक फ्लैट दस-दस लाख रुपये में बेचूँगा। सब पार्टियाँ फिट हैं। एडवान्स भी ले लिया है। सात दिन के अन्दर वेकेट कर दीजिएगा, नहीं तो बुलडोजर से यह मकान हम चूरम-चूर करवा देंगे। बुढ़ा-बूढ़ी छोकरा-छोकरी कुछ नहीं मानेगा हम। कनइया, ओ फस्ट फ्लोर का औरत का बोलती है? घर खाली कब करेगी?

कनाई : **(चिढ़कर)** खाली करने को बोलते ही खाली करता है कोई? वो नहीं जा सकती।

शुकलाल : काहे?

कनाई : बच्चा होगा।

शुकलाल : पिरेगनेन्ट। ओहो, श्यामल बाबू तो भाग लिये। *[गन्दी तरह से हँसता है]*।

कनाई : हूँ, भाभी अकेली है। इस हालत में जाएगी कहाँ?

शुकलाल : अरे छोड़ो-छोड़ो। बुलडोजर वह सब पिरेगनेन्ट-उरेगनेन्ट नहीं जानता। सिर्फ धड़धड़ाकर आगे बढ़ता जाता है। हाँ।

कनाई : ए, ज़बान सँभाल के बात करना।

शुकलाल : छोड़ो-छोड़ो, अभी हम अल्टीमेटम टाँग कर जा रहा है। *[शुकलाल के पीछे कनाई बाहर चला जाता है]*। पति चुपचाप आँखें पोंछता है। जित्तन प्रवेश करता है। जित्तन को देखते ही पति अन्दर जाने लगता है।

जित्तन : क्यों रे, भाग क्यों रहा है?

पति : जीतू, तूने सुना है?

जित्तन : तू दिल्ली और वे आसाम? हाँ, तेरे मुन्ने ने बताया मुझे।

पति : जीतू हमारा दो हिस्से में बँटवारा हो गया। *[पत्नी आकर दरवाजे पर खड़ी होती है]*।

जित्तन : वह तो होगा ही। लौकी, कद्दू, कटहल आधा-आधा बँटता है, जमीन का हिस्सा बाँट होता है, देश का बँटवारा होता है, दो देशों में गंगा का पानी बँटता है तो फिर माँ बाप बँट जाएँ तो कौन-सी बड़ी बात है?

पति : जीतू और मत कह, मत कुछ कह।

जित्तन : रो मत, बुढ़ापे में लोग रोते देखेंगे तो बेटे हँसेंगे—मत रो।

पत्नी : (भभककर) मजाक कर रहे हैं देवरजी? लेकिन आज के दिन मज़ाक करना। कोई जवाब नहीं आपका। जवाब नहीं।

[सुबक कर रोती है और पति के शरीर पर हाथ फेरती है]।

(प्रकाश मन्द होता है)

दृश्य : पाँच

[बकुल का कमरा। सांझ का समय। बकुल जल्दी-जल्दी सूटकेस लगा रही है। कपड़े, टूथपेस्ट, तेल, पाउडर, तौलिया वगैरह रखती है। एक-एक जेवर खोलकर बक्से में रखती है। बाहर के दरवाज़े पर श्यामल आकर खड़ा होता है। सूखा चेहरा, खिसियायी नज़र। श्यामल के हाथों में एक ब्रीफ़केस]।

श्यामल : बकुल।

बकुल : **(चौंककर)** तुम। यहाँ क्या चाहिए?

श्यामल : कुछ बात कहने आया हूँ।

बकुल : वकील की चिट्ठी मिल गई?

श्यामल : मिल गई।

बकुल : मेरे वकील ने कहा है डिवोर्स के मुकदमे का फैसला न होने तक अगर तुम इस घर में कदम भी रखे तो तुरंत उन्हें खबर करूँ।

श्यामल : मैं मुकदमे के बारे कुछ कहने नहीं आया।

बकुल : तो फिर?

श्यामल : नीचे वाली माशिमा ने कहा कि तुम नर्सिंग होम जा रही हो?

बकुल : मैं कहाँ जा रही हूँ, कहाँ नहीं, इसे लेकर कोई अपना सिर न खपाए।

श्यामल : सचमुच जा रही हो?

बकुल : देख ही रहे हो।

श्यामल : देख रहा हूँ। सारे जेवर उतार कर सर्वनाश के लिये तैयार हो रही हो। बच्चा गिरा दोगी बकुल? **(बकुल का चेहरा सख्त हो गया। वह चीजें पैक करती जा रही है)** मैंने तुम्हें बहुत सज़ा दी है बकुल। तुम्हें क्या अच्छा लगता है क्या बुरा, इसकी कभी परवाह नहीं की। फिर भी जो आ रहा है, उसकी छाती पर छुरा न घोंपो—इस बच्चे का खून

न करो बकुल।

बकुल : खून? खून क्या मैं अकेले ही कर रही हूँ। तुमने नहीं किया?

श्यामल : हाँ, तुमने ठीक कहा। सन्तान मैंने नहीं चाही थी और निष्ठुरता से–दिन ब दिन तुम्हारी चाहना का गला घोंटता रहा। मेरी तरह हिसाबी इन्सान बहुत बेदर्द होते हैं, थोड़े से सुख के लिये वे जो मर्जी सो करते हैं। लेकिन आज अब वह आ रहा है–पता नहीं कैसी अजीब ममता से–मैं तुम्हें समझा नहीं पाऊँगा बकुल–रात को सो नहीं पाता। तुम्हें पता नहीं, कुछ दिन से रोज नीचे वाली माशीमा से तुम्हारी खैर-खबर पूछकर गया हूँ– यह ममता मेरे लिये बिल्कुल अनजानी थी। बकुल, इसे तुम मत मारो। इसके लिये तुम्हें एक पैसा भी खर्च नहीं करना पड़ेगा, सब मैं दूँगा।

बकुल : तुम क्या सोचते हो कि रुपयों के लिये मैं इसे खत्म करने जा रही हूँ।

श्यामल : नहीं, यह मैं नही सोच रहा हूँ–लेकिन....

बकुल : जो आदमी बाप नहीं बनना चाहता उसकी सन्तान को अपनी देह मैं छुपाकर रखना गन्दापन है। व्यभिचार है, इसीलिये जा रही हूँ। जाओ, कमरे से बाहर जाओ, मैं ताला लगाऊँगी।

श्यामल : **(उसके कन्धे पकड़कर झकझोरता है)** तुम्हारी जिद बहुत बड़ी है, है न?

बकुल : छोड़ दो। मुझे जो ठीक जँचेगा वहीं करूँगी। छोड़ो मुझे, नफरत हो रही है तुमसे....

श्यामल : तुम मुझे जो जी में आए, कहो–जो मर्जी करो। मेरे जिन्दा रहते, मैं इसे मारने नहीं दूँगा।

बकुल : मारूँगी, सब खत्म कर दूँगी मैं।

[श्यामल की पकड़ में छटपटा रही है बकुल। उसे नोंच कर, काट कर पकड़ से मुक्त होना चाह रही है, तभी दरवाजा ठेलकर उदास अजीब-सी चुप्पी भरे चेहरा लिये दोलन अन्दर आती है]।

श्यामल : यह क्या?

बकुल : तुम?

दोलन : मैं तुम्हारी वही आश्चर्यमयी, वही लीलावती–बहुत से नाम हैं मेरे–कौन-सा बताऊँ बकुल?

बकुल : **(गुस्से से फुँफकार रही है)** कहो शैतान की नानी।

बकुल : जाओ, निकल जाओ दोनों।

श्यामल : तुमने मेरा सब कुछ खत्म कर दिया दोलन। अब किस मतलब से यहाँ आई हो?

दोलन : आज मैं तुम्हारे पास नहीं—बकुल के पास आई हूँ श्यामल....

[बकुल नफरत भरी नज़रों से देखकर अन्दर चली जाती है]।

श्यामल : अच्छा तो अब उसे ब्लैकमेल करोगी? उसकी जरूरत नहीं पड़ेगी। बताओ, कितने रुपये चाहिए तुम्हें—बीस हजार-चालीस हजार—बोलो कितने चाहिए। कितना मिलने पर तुम मेरा पीछा छोड़ोगी।

[श्यामल अपना ब्रीफकेस दोलन की ओर फेंकता है]।

दोलन : नहीं आज और रुपये नहीं चाहिए श्यामल। उस दिन किसी को बचाने के लिये वह रुपये माँगे थे। अब इसकी जरूरत नहीं है। मेरा पति सुदीप पुलिस के हाथों गिरफ्तार हो गया है।

श्यामल : कौन? तुम्हारा पति? सुदीप। तुमने कहा था बहुत पहले ही तुमने सुदीप को छोड़ दिया है।

दोलन : हाँ, कहा था, शर्म और नफ़रत से। मैंने उसे कभी नहीं छोड़ा। इतने बड़े घिनौने अपराध के बाद भी मैंने उसे नहीं छोड़ा। फिर भी उसे बचाने के लिये सारी कोशिशें की हैं। अपना मान इज़्जत खोकर बहुत नीचे उतरी हूँ श्यामल, सुदीप ने जो घिनौना पाप किया है—उसके बाद शायद कोई भी औरत उसका मुँह नहीं देखती—लेकिन मैं....मैंने उसे बचाने के लिये उस दिन बॉकखाली में तुम्हें मुसीबत में धकेल दिया।

श्यामल : यह सब बातें उस दिन तुमने मुझे नहीं बताई।

दोलन : बता नहीं सकी। सुदीप के उस गंदे पाप की बात तुम्हें अपने मुँह से बता नहीं पाई श्यामल—आज भी नहीं बता पाऊँगी। मुझे माफ़ कर देना श्यामल।

श्यामल : तो इसलिये तुम्हें उस दिन वह टुच्चा अभिनय करना पड़ा।

दोलन : मेरा दिमाग ठीक नहीं था। बुद्धि-भ्रष्ट हो गई थी। आखरी क्षणों में जैसे वह क्रिमिनल आदमी भूत की तरह मेरी गर्दन पर सवार हो गया था। श्यामल, सुदीप ने एक लड़की का खून कर डाला, हमारे घर में काम करने वाली लड़की का—

[बकुल दरवाजे पर खड़ी सब सुन रही है, दोलन बकुल के पास जाती है]।

दोलन : बकुल, श्यामल का कोई कसूर नहीं। वह सचमुच तुम्हें बहुत प्यार करता है। जो किया है मैंने किया है। अगर तुम मुझे माफ़ नहीं करोगी बकुल....बकुल?

[बकुल चेहरा उठाकर दोलन की ओर देखती है आँखों में आँसू हैं।

दोलन कुछ कहना चाहती है लेकिन कह नहीं पाती। जल्दी से बाहर चली जाती है। बकुल उसके पीछे-पीछे दरवाजे तक जाती है। श्यामल उसके पास आकर खड़ा है। बकुल उसके सीने में मुँह छुपाकर रोती है]।

दृश्य : छह

[पति-पत्नी का घर। ढलती साँझ की पीली रोशनी से कमरा भरा हुआ है। कमरे में माल असबाब बँधा है। पता लग रहा है इस घर के बासिंदे आज विदा ले रहे हैं। सारा सामान दो हिस्सों में बँधा है। एक हिस्सा जाएगा दिल्ली, दूसरा आसाम। पत्नी सामान के ढेर के सामने बैठी है—छोटी-छोटी चीजें समेट रही है। पति खिड़की पर खड़ा बाहर देख रहा है। दोनों ने सफ़र के कपड़े पहन रखे हैं। दोनों ही बड़े चुप हैं। चारों तरफ चुप्पी है]।

पति : देख लो, आख़िरी बार देख लो, इस घर में हम कभी नहीं लौटेंगे।

पत्नी : मोहल्ले के कितने लोग मिलने आए।

पति : **(थोड़ी देर बाद)** जीतू, सिर्फ जीतू नहीं आया। मैं जानता था वह नहीं आएगा। ज़रूर छुपकर रो रहा है। कितने बरस क़ी दोस्ती है हमारी। झगड़ा किया मारामारी की लेकिन कभी साथ नहीं छूटा। मैं चला जाऊँ? जीतु से मिलकर आऊँ?

पत्नी : नहीं जी, अभी मत जाओ कहीं। अपना माल असबाव देख लो, कहीं कुछ पीछे रह न गया हो। वे लोग टैक्सी लेने गए हैं।

पति : तुम्हारी गाड़ी कितने बजे है?

पत्नी : हमारी गाड़ी पहले है। तुम लोगों की कालका मेल—शाम साढ़े सात बजे।

पति : अपनी सेहत का ख्याल रखना। मैंने देखा है तुम्हारी एड़ियाँ सूजी हुई हैं। **(दोनों चुप चाप हैं)**।

पत्नी : यह देखो, तुम्हारा मफलर मेरे कपड़ों में मिल गया है। **(मफलर निकाल कर पति के गले में लपेट देती है)**।

पति : **(अपने मोजे देखकर)** ज़रा इन्हें सिल दोगी? **(पति के फटे मोज़े उतारकर पत्नी सिलने लगती है)** चिट्ठी लिखना।

पत्नी : ये लो। मुझे लिखना आता है क्या? अब तक तो मोहल्ले वालों से ही लिखवाई है।

पति : वहाँ भी ऐसे ही करना।

पत्नी : अहा, बुढ़ापे में तुम्हें चिट्ठी। वह भी दूसरों से लिखवाना। यह भी होता है कहीं?

पति : अब समझ में आ रहा है अनपढ़ रहने की दुरगत।

पत्नी : कैसे समझूँ? जिन्दा रहकर भी हमें अलग रहना पड़ेगा? इन्सान को पढ़ने का ऐसा तजुर्बा आखिरी दिनों में होगा, यह कहाँ पता था? **(दोनों चुप-चाप हैं। पत्नी मोज़े सिलती रहती है)**।

पति : हाँ, मौत दोनों को अलग कर देती, वह अलग बात है—लेकिन यह तो जैसे जिंदा-मौत—कहाँ न्यू बंगाई गाँव, कहाँ दिल्ली। मिलने का कोई उपाय नहीं है। आने-जाने का किराया मंजूर करेंगे वे दोनों? इससे तो मरना ही बेहतर था।

पत्नी : हाँ, तुम तो यही चाहते हो, मुझे रखकर खुद चले जाना चाहते हो। यह नहीं होगा। मैं पहले मरूँगी।

पति : इस पर किसी का ज़ोर चलता है क्या? मेरी सेहत का जो हाल है।

पत्नी : अच्छा, इतनी दूर जाकर अगर तुम्हारी बीमारी बढ़ जाए तो मुझे तो पता भी नहीं चलेगा।

पति : एक दिन बड़े मुन्ने के घर में मानो तुम साँझ का दीया जला रही हो और तभी टेलीग्राम....टेलीग्राम....

पत्नी : टेलीग्राम।

पति : हाँ, टेलिग्राम आया कि मैं चला गया हूँ।

पत्नी : नहीं-नहीं, भरी साँझ को ऐसे कुबोल मत बोलो। मेरा दिल काँप रहा है। हाय माँ! मैं तुम्हारे पास से नहीं जाऊँगी।

पति : मैं एक बीमार आदमी हूँ। इन लोगों ने इसी मौके का फायदा उठाया। पैरों तले जमीन खिसक गई है। अब हमारी बात कोई नहीं सुनेगा।

पत्नी : अच्छा इन दोनों में से किसी एक ने हम दोनों को साथ क्यों नहीं रखा? कितना कहा, चाहे हमें आश्रम में भेज दो या जंगल में, पर एक साथ रहने दो—पर किसी ने नहीं सुनी।

[भरी साँझ में बूढ़ा-बूढ़ी रो रहे हैं, तभी श्यामल बकुल आते हैं श्यामल के हाथ में फूलों का गुच्छा और बकुल के हाथ में मिठाई का डिब्बा]।

बकुल : जाने के समय रोते नहीं हैं माशीमा।

पति : आओ, आओ बेटे श्यामल।

बकुल : मुँह खोलिये माशीमा, मुँह मीठा करते जाइए।

पत्नी : जाते वक्त तुम दोनों को एक साथ देख रही हूँ, वही मेरा सुख है।

(बकुल पत्नी को मिठाई देकर पति को प्रणाम करती है। सदा सुखी रहो अन्तरंग आवाज़ में) सावधानी से रहना। बेटा-बेटी जो भी हो चिट्ठी लिखकर बताना और उन्हें इस तरह पालना जिससे बुढ़ापे में तुम लोगों की देखभाल करें।

श्यामल : **(पति को)** हम सब साथ थे। कितनी सहूलियत थी, ऐसे समय में आप लोगों के पास बकुल को रखकर मैं निश्चिन्त होकर बाहर जा सकता था। यह मकान छोड़कर हम जाएँगे कहाँ? कैसे लोग मिलेंगे। आजकल किसी को किसी की परवाह नहीं होती।

[अचानक बाहर बातचीत की आवाज़ें आती हैं। बड़ा और छोटा मुन्ना कुली लेकर हल्ला करते हुए आते हैं]।

बड़ा : टैक्सी आ गई है। उठो, उठो, माल असबाब उठाओ, गाड़ी का समय हो गया।

छोटा : हम भी निकल पड़ते हैं। हावड़ा ब्रिज में जैम भी हो सकता है। पहले ही निकल पड़ते हैं। बाबा उठिए, **(कुली को)** तुम हमारा माल उठाओ।

बड़ा : **(माँ को)** जाओ, जाओ, टैक्सी में बैठो जाकर। ताताई कहाँ गया। ताताई, ताताई। कितनी बार कहा तैयार रहना लेकिन तुम्हारे काम खत्म ही नहीं होते। अरे अब यह क्या लेकर बैठी गईं।

पत्नी : तेरे बाबा के मोज़े।

बड़ा : **(हाथ से मोजे छीनकर फेंक देता है)** धत्तेरे की, जाते समय गन्दे मोज़े। चलते हैं श्यामल बाबू, आप लोग कब मकान खाली कर रहे हैं?

श्यामल : दो-चार दिन बाद।

बड़ा : **(कमरे में झाँककर)** ए ताताई, बैठा क्यों है?

छोटा : भैया, आपको प्रणाम कर लूँ ज़रा।

[अचानक विदा लेने की कार्यवाही जल्दी होने लगी। पति-पत्नी चुप हैं। अचानक ऐसा हो जाएगा सोचा भी नहीं गया। श्यामल-बकुल एक तरफ हटकर खड़े होते हैं। कुली सामान उठा रहे हैं। पास के कमरे से ताताई आया। पत्नी जोर से रो उठी। बकुल आगे बढ़कर उन्हें थामती है। सब बाहर निकलने को होते हैं। अचानक जित्तन आकर सामने खड़ा हो जाता है। पीछे कनाई है। चुप्पी घिर आती है]।

जित्तन : सामान नीचे उतारो। **(जोर से)** सुनाई नहीं दिया, उतारो सामान।

कनाई : **(धमका कर)** उतार, माल उतार **(कुली लोग माल उतारते हैं)**।

जित्तन : मेरे घर से मेरी इजाज़त के बगैर एक भी सामान बाहर नहीं जाएगा। रखो, सब उतार कर रखो *[कनाई कुलियों के सर से माल असबाव*

उतार कर उन्हें बाहर भेज देता है]।

बड़ा मुन्ना : मामला क्या है जीतू चाचा?

जित्तन : सुना नहीं तुमने? तो फिर से सुनो—यह मकान मेरा है, नगद डेढ़ लाख रुपये देकर खरीदा है।

छोटा मुन्ना : मकान तो खरीदा है शुकलाल सेठ ने।

जित्तन : शुकलाल सेठ। **(बाहर देखकर)** शुकलाल! ए शुकलाल **(शुकलाल अन्दर आता है)**।

शुकलाल : **(नम्रता से)** जी डॉक्टर साहब।

जित्तन : यह मकान किसका है?

शुकलाल : जी, आपका।

जित्तन : किसके रुपयों से यह मकान खरीदा गया है?

शुकलाल : जी रुपया आपका। नाम के वास्ते शुकलाल सेठ—ऐक्चुअल मालिक आप हैं। हमारे हाथ से आपके रुपयों से यह मकान खरीदा गया है डॉक्टर साहब।

जित्तन : और तुमने जो उस दिन बुलडोज़र का डर दिखाया था वह किसकी सलाह से?

शुक : वह भी आपकी सलाह से—आपने कहा—जा शुकलाल, बूढ़ा बाबू को बुलडोज़र का डर दिखा तो मैंने डरा दिया। **(पति को)** माफ कीजिएगा बाबूजी—डॉक्टर साहब ने हमारा गॉल ब्लैडर काटकर शियोर डेथ के हाथ से बचा लिया। डॉक्टर साहब की बात हम कैसे टाल सकते हैं **(बकुल को)** माफ़ कर दीजिए बहनजी।

जित्तन : अब भागो।

शुक : जी हाँ नमस्ते, नमस्ते (शुकलाल चला जाता है)।

जित्तन : **(पति को)** कहाँ जा रहा था कम्बख्त—दोस्त को अकेला छोड़कर जा कहाँ रहा था—मेरा मकान मतलब तेरा मकान....बैठ....।

पति : जीतू।

जित्तन : कोई नहीं जाएगा। सब यहीं रहो। श्यामल-बकुल, तुम लोग भी नहीं जाओगे। सब रहेंगे। जाएँगे सिर्फ वे लोग **(जित्तन बड़े और छोटे मुन्ने की ओर इशारा करता है)** डेढ़ लाख रुपये मिले हैं—हाफ़-हाफ़ हो गए हैं—साढ़े छः बजे आसाम मेल, साढ़े सात बजे कालका। टैक्सी खड़ी है—जाओ मुन्ने लोग, रवाना हो जाओ। हाँ, नहीं तो इसके बाद हर मिनट के लिये किराया वसूलूँगा।

(बड़ा और छोटा मुन्ना सिर नीचा किए बाहर जाने को होते हैं तो

जित्तन रास्ता रोकता है)।

जित्तन : जा कहाँ रहे हो। ठहरो, टैक्सी मैंने लौटा दी है। अरे, मेरे कहने से ही क्यों जाओगे? जीतू चाचा के घर पर तुम्हारा कोई हक़ नहीं? मेरा घर तुम्हारा घर नहीं है? उसी घर का गृह-प्रवेश है आज। तीन रातें बिना बिताए कोई नहीं जा सकता। जा कमरे में जा। ताताई, तेरी दादी माँ आज गुड़ की खीर बनाएँगी—सब मिल कर जाएँगे। क्यों रे।

पत्नी : बाप रे। अन्दर ही अन्दर इतना सब।

जित्तन : तुम्हारे ही लिये जी—सब तुम्हारे लिये (**हाः हाः कर हँसता है**)।

ताताई : घर तो हमारा ही है न—तब मकान के पैसे तुम लौटा लो, जीतू दादू—।

जित्तन : अरे जा। यह लोग मुझे किसी भी तरह लीगल मालिक नहीं बनने देंगे। पोता रे मेरा चालाक पोता (**जित्तन ताताई को पास खींच लेता है**)।

ताताई : छोटे चाचा, अब जीतू दादू के रुपये तुम लोग लौटा दो।

छोटा मुन्ना : हाँ-हाँ, भैया, आइए रुपये इकट्ठे कर लेते हैं।

[बड़ा मुन्ना हामी भरता है दोनों सामान लेकर पास के कमरे में जाते हैं। श्यामल हँस रहा है। बकुल फूल लेकर पत्नी के पास जाती है]।

बकुल : मिठाई दी है, अब फूल भी दे रही हूँ। अब वह गाना सुनाइए माशीमा।

पत्नी : कौन-सा गाना रे?

बकुल : वही, जो गाना गाकर तुम हमें नींद से जगाती हो।

पत्नी : (**शरमा कर**) जा—।

बकुल : सुनाओ माँ जी, सुनाओ न।

ताताई : सुनाओ न दादीमा।

जित्तन : हाँ हाँ, शुरू करो।

[पत्नी तिरछी नजरों से जित्तन और पति को देखकर गाना शुरू करती है....]।

[सूर्यास्त की लाल रोशनी से सब चेहरे रंगीन हो जाते हैं। सब पत्नी के साथ आवाज़ मिलाकर गाते हैं]।

□□□